癲狂與純真

日本高僧傳奇

李永熾◎著

自序

我對日本一直都很感興趣，在大學也教日本歷史。我對日本的興趣乃源於日本能積極吸收外來文化與思想，而又不喪失自己的文化與思想，兩者互相激盪、組合，形成新的日本文化。因此，在吸收中國文化與思想時，日本文化不是中國的次文化，有其與外來文化組合發展的一面。近代，吸收西歐文化，日本文化也不是西歐的次文化，有其兩者相激相成的自我發展。

在近代以前，日本積極從中國吸收中國文化，其中包括佛教文化。德國文學家赫塞曾經說過，佛教在印度誕生，在中國開花，而在日本結果。這段話非常引起我的關心。佛教如何由中國傳至日本，如何在日本結果，便很値得我們去瞭解。我們知道，古代日本有遣隋使與遣唐使的派遣。不論派遣遣隋使或遣唐使，派遣人員中都有留學生與留學僧。換言之，中國制度文化與佛教思想的吸收都是派遣使節的重點。這種傳統一直延續到近代，日本近代的遣歐使節團也常有留學生的蹤影。

在飛鳥、奈良時代，佛教方面，日本大抵把中國佛教的各宗各派傳入日本，並熱心研究佛典，因此形成了南都六宗。南都六宗除了因鎭護國家被納入律令體制之外，大抵以研究爲主體，以佛教語來說，比較偏向於聖道門。到平安時代，因最澄和空海的出現，佛教逐漸走向研究與信仰並重的局面，以信仰爲主的修行也逐漸受到重視，尤其到平安末期，被認爲進入末法時期，淨土信仰慢慢成爲普及於無常感甚深的貴族階級，也滲透到民間。

到鎌倉時代，日本佛教開始自我形成，有趣的是，新教派的創立者除了禪宗外幾乎都沒有出過國，他們大都在天台宗延曆寺研讀佛典後，以民間救贖爲思考重點，創出與日本古代不同的教派，也可以說由聖道門走向淨土門，法然的淨土宗、親鸞的淨土眞宗、一遍的時宗、日蓮的日蓮宗，都以念誦經題佛名爲民間救贖的基礎。不學，只要有信心，也可以獲得救贖。即使新流行的禪宗也如此，此外更與日常生活密切結合，例如與花道、劍道、書道、茶道等結合，形成日本文化的特殊面相。

在關心日本佛教發展的情境下，有一天，《人生》雜誌的張晴小姐，問我能不能替《人生》雜誌撰寫一些和日本相關的佛教文學。張小姐曾邀我到佛教社團講述日本近現代文學。就因此緣份，開始在《人生》雜誌撰稿。寫著寫著，逐漸偏離文學，而以名僧的信仰爲撰寫方向。但我畢竟是寫歷史的人，難免會把信仰的流程寫進去。

不過，撰寫時，並不是依歷史時序，而是隨機選人，因此有時寫平安時代名僧，有時又跨到室町時代；時而寫天台，時而寫淨土，下一回可能又寫禪。我不想受時代拘限，也不願依宗派敘述。隨機撰寫，有一個好處，可以悠遊各時代、各宗派之間，可以享受到不爲什麼的餘裕。

法鼓文化爲了出書，依歷史時序，不依宗派編輯，重新看了，也頗有趣，各宗派間的微妙差異也不知不覺中顯現出來。

法鼓文化的編輯能力都很強，除了張晴小姐之外，其他都不曾謀過面，只從電話中聽到她們溫婉的邀稿聲，她們爲文章擬小標，找圖片，使文章增色不少，在此深誌謝意。編輯爲此書做年表，費心費力，十分感激。但望此書能增進些許對日本佛教的了解，則幸甚。

李永熾

癲狂與純真
日本高僧傳奇【目次】

古代名僧

中世名僧

近世名僧

古代名僧

日本佛教之父

聖德太子

（五七四～六二二）

聖德太子平生信仰佛法，
極力發揚大乘精神。
他曾親自開講《法華經》、《維摩經》、《勝鬘經》，
建立悲田院、敬田院，
大興國民救濟事業。
積極引進中國文化、政治制度，
運用佛教、儒教、法家的思想來治理國政，
並制定憲法，確立國家體制，
奠定日本佛教傳播的基礎。

西元六世紀末葉，日本用明天皇尚未即位，還是親王的時候，娶了穴穗部眞人的女兒爲妻。五七四年正月，王妃巡行宮中，走到馬房附近，生下了聖德太子；隨從抱起太子進入寢殿，太子渾身發出赤黃光，照亮全殿，身上也泛出馨香。據說聖德太子的母親懷他之前，曾有一位現出金相的和尚出現在王妃夢中，和尚說：

「我發誓要救世人，想暫時借住妳的腹部。」

「你是什麼人？」

「我是救苦救難的觀世音菩薩，家在西方。」

「可是我的腹部不乾淨，不好讓你住宿。」

「我不怕污髒。」

和尚說完，即跳入王妃口中；隔天王妃醒來，覺得喉中有物如鯁，不久就懷孕了。

與大臣合力弘揚佛法

太子出生四個月後就能說話，翌年二月十五日清晨，太子向東合掌口誦「南無佛」，表示皈依佛法。六歲時，有和尚從朝鮮百濟帶回經論，太子要求敏達天皇讓他看這些經論，天皇訝異地問他爲何想看？太子回答：「我以前在漢土時，曾在南嶽修佛，而後轉生此國，所以想看看這些經論。」天皇答應後，太子焚香展開經論，並向天皇說：「每月的八日、十四日、十五日、二十三日、二十九日、三十日稱爲六齋日，這幾天是梵天帝釋察看地上各國政治的日子，國內應該禁止殺生。」天皇接納了太子的意見，下詔禁止這些日子殺生。

過了兩年，新羅送來佛像，太子上奏說：「這是西方神聖的釋迦如來像。」一天，一位名叫日羅的百濟人來到日本，據說他的身上會放出光芒，太子覺得奇怪，便喬裝混進日羅的侍童群，潛行到日羅的行館。日羅一看到他，臉露訝異之色，太子驚逃，日羅跪下合掌禮拜太子：「敬禮救世觀世音，傳燈東方粟散（粟粒般的小國）王。」意思是說，觀音菩薩，你到東方小國來傳佛法了。這時，日羅身上發了光，太子的眉間也放出太陽般的亮光。

又有一次，百濟贈送彌勒石像給日本，大臣蘇我馬子在住家的東邊建了一所寺院，供使者居住。馬子有意在寺院建塔，太子對他說：「建塔，須納佛舍利。」說完，手中已握了一粒舍利，隨即放入琉璃壺，將壺安置塔中禮拜。此後，太子與大臣蘇我氏開始合力弘揚佛法。

當時，日本國內發生疫疾，很多人因此而喪生。大連（與大臣同等的官名）物部守屋和中臣（官名）海勝王上奏天皇：「我國向來崇敬神祇，最近蘇我大臣開始傳播佛法，才造成國內疫病流行，不久人民將會死光。禁止佛法，才能保住人民生命！」

敏達天皇聽從物部守屋之言，下詔禁佛。

太子對天皇說：「施行善政，福報立刻降臨；實行惡政，災禍一定降臨。這兩個人不知因果，一定會遭遇橫禍。」但天皇仍然派遣守屋到寺院，毀堂塔、燒佛經，將燒剩的佛像全部拋進水裡，並趕出寺院中的三位比丘尼。那天本來晴空萬里無雲，突然吹起大風，下起了大雨，太子就說：「災難即將降臨！」隨後天花流行，守屋和海勝王都得了天花，頭痛欲裂，於是悔改上奏天皇：「這種疾病痛苦難忍，願祈三寶。」天皇便召回被趕走的三位比丘尼為兩人祈禱，並造寺塔，崇佛如昔。

不久，太子的父親用明天皇即位，詔稱「吾皈依三寶」，蘇我大臣奉詔請僧侶入宮，這是僧侶第一次入宮。太子執蘇我大臣的手，高興的流下眼淚說：「大家都不知三寶之妙，只有大臣支持我，真叫我高興極了！」

這時，有人密告物部守屋：「太子與蘇我大臣謀議調度軍隊。」守屋乃鳩集大軍固守家門，勝海王也率軍來援，據說他們還詛咒天皇。蘇我大臣告知太子，兩人一起領軍討伐守屋；但守屋防禦牢固，軍勢甚強，太子軍隊畏懼，連退三次。太子時年十六，下令前線指揮官秦川勝：「立即拿木刻四天王像插於髮上，綁於刀鋒前端。」還立誓願：「如果這次戰事獲得勝利，一定造四天王像，建寺塔。」蘇我大臣也立了同樣的誓願。

物部守屋登上大朴樹，向族神祈願放箭，箭中太子的馬鐙落下。太子命部下向四天王祈願放箭，箭中守屋胸部，守屋自樹上倒立落下，守屋軍潰散，太子軍進擊，砍下守屋首級。守屋的領地後來變更爲寺院領地，建立四天王寺。

太子爲觀音菩薩之化身

太子的父親用明天皇去世後，伯父崇峻天皇即位；不過，他將政事委託給太子。當時，一位百濟使者阿佐皇子前來拜見太子時說道：「敬禮救世大悲觀世音菩薩，妙教流通日本國，四十九歲傳燈演說。」意思是說，太子是觀世音化身，在日本傳揚佛法四十九年。這時，太子的眉間又放出了白光。

有一次，甲斐國（今山梨縣）獻一匹四腳全白的黑駒給太子。太子試騎時，黑駒突然升空入雲，向東方馳去；馭者調伏丸也跟隨而去，眾人望空不知所措。太子抵達信濃國（今長野縣），巡行三越（越前、越中、越後，今福井縣到新潟縣）國境，三日而回。太子的姑母推古天皇即位後，同樣將政事委託給太子。太子曾經在天皇面前披袈裟講述《勝鬘經》，並由名僧就經義質疑，太子的回答都非常貼切；結束時，蓮花從天降落，花廣三尺，積累地面三、四寸。次晨，群臣上奏，天皇往觀，頗覺不可思議，便在其地建立寺院，稱爲橘寺。

一天，太子擬派遣小野妹子爲使者，到其前世修佛的衡山取回當年所閱經卷。太子說：「赤縣（中國）南方有衡山，山上有般若寺。那裡有我以前學佛的同修，想必都已亡故，不過可能還有三人留下。你去見他們，說你是我的使者，請他們讓你把我以前奉讀的《法華經》帶回。」小野妹子依言到般若寺，門前一位沙彌聽了他的陳述，入寺內報告：「思禪（即慧思——智顗大師的師父）法師的使者到了。」三老僧拄著杖子出來見小野妹子，並將《法華經》經卷的合本交給他攜回呈獻給太子。

太子在自己居住的鳩宮旁建立夢殿，每日沐浴三次；每次入殿後，第二天清晨才出殿。一次，太子在夢殿七日七夜都沒有離開。由於閉門無聲，大家都覺得奇怪，太子的師尊惠慈法師說：「太子入三昧定，不可驚動！」第八天清晨出殿，桌上放了一卷經文，太子對惠慈法師說：「我前世在衡山所擁有的經卷就是這個，前幾年小野妹子帶回的是我弟子的。三老僧不知我放經文的所在拿錯了，我讓我的神識幫我拿回來。」上次所取回的經文，封面上沒有文字，這次的經文上面寫著「經一卷」。

弘傳法華教義

百濟有道欣等十幾位僧侶到日本，出仕太子：「我們本是廬山道士，太子前世在衡山講《法華經》時，我們常去聽他講經。」於是小野妹子再度訪隋，又到衡山，先前三老僧已有兩人去世，尚健在的老僧說：「先前，貴國太子曾乘青龍車，率五百人，自東方踏雲而來，拿了古室中的一卷經文，又踏雲而去。」探問之下，正是太子七日七夜不離夢殿的時候。

一天，太子對太子妃膳氏說：

「妳跟我以來，沒有一件事違逆我心，非常感謝，死時可埋同穴。」

「我願侍奉你千秋萬歲，爲何今日談起死生之事？」

「有始必有終，有生則有死，這是人生的常道。我不時轉生勤修佛道，目前轉生小國太子，弘揚佛法妙義。在無佛法處講一乘之理——法華教義，我已不想在這污穢的惡世中活下去。」

太子從難波回京，經過片岡山時，路上有人餓倒，黑駒停下不肯前行。太子便下馬與餓者談，並脫下紫衣覆蓋在他身上，還吟了一首和歌：

「飢餓倒地的旅人啊！無親無故誠可哀！」

餓者抬頭回歌道：「除非富緒川之水斷絕，吾決不忘大君之名。」

太子回宮後，餓者亡，太子悲悼，令人埋葬。有七大臣不以爲然，太子喚來七人，叫他們前往片岡山；七人往觀，遺骸已不見，棺中並泛出馨香，眾人皆感訝異！

太子坐鳩宮對太子妃說：「我今夜將去世。」隨後沐浴洗頭，換上淨衣，與妃並臥床上。次晨遲遲不起，眾人覺得奇怪，開門觀看，已與妃死去。太子面貌栩栩如生，身上散發出馨香，享年四十九。

黑駒終日嘶鳴，不食水草而亡。太子去世時，衡山帶回的經卷亦不知所終，大概一起帶走了，只留下小野妹子帶回的經卷。太子有三個名字：因生於馬房旁邊，故稱廄戶皇子；又稱八耳皇子，因一次能聽數人說話，不會有所遺漏；三稱聖德太子，因弘佛度人，故稱之。

最早在民間傳道

行基菩薩

（六六八～七四九）

被視為文殊菩薩化身的行基，
從小便顯露他向佛之心，
雖然本身不凡卻親民愛眾，
早在弘法大師空海之前，
便在民間集眾說法，
民眾信服他的德力，
更深信行基具有法力與神通，
後來更受朝廷敬重，
成為第一個大僧正。

佛教約在西元五、六世紀傳入日本，到六世末、七世紀初，聖德太子時代已盛行於日本。律令體制形成時，在都城奈良已有佛教六宗。但是，依僧尼令，佛教須受政府管制，以鎮護國家爲己任；換言之，以保護國家的代表天皇，作爲佛教存在的價值。因此，佛教僧侶只能替朝廷消災祈福，不能在民間傳道，獲取民眾信仰。第一個違反僧尼令，到民間傳道，獲得民眾尊崇的就是被稱爲「菩薩」的行基。

從小便一心向佛

天智七年（西元六六八年），行基生於和泉國大鳥郡（今大阪府內），父姓高志，先祖爲百濟王（今韓國）；由此可知，行基屬於歸化人系統。據說，行基出生時，裹著胞衣生下來。在當時，認爲這是不祥之事，必須把剛生下的嬰兒放在樹叉間一晚。第二天，父母畏畏縮縮去觀看，嬰兒已脫離胞衣而出。父母大喜，迎回家中扶養。

行基從小就心向佛法，常集合附近村莊的兒童，談論佛法，禮讚佛教。當時，這一帶盛行畜牧，由兒童擔負放牧責任，兒童卻放著牛馬，跟著行基讚頌佛法。相傳，牛馬還依循行基的指揮排成隊伍。十五歲，行基出家入藥師寺，從碩學道昭、義淵學《瑜伽師地論》、《成唯識論》等唯識教理，窮究法相宗奧義。二十四歲，受具足戒，正式爲僧。

七〇七年，四十歲的行基離開窮究佛教經典二十多年的藥師寺，迎接老母，移居生駒山，過隱逸生活。不旋踵，母親過世，行基放棄隱逸生活，展開周遊各國的漫長之旅，教化群眾、救濟民眾。

行基善於集結群眾說法，就像他能集結兒童頌佛一樣。不僅說法，還進一步直接去拯救民眾。他造橋鋪路，挖大水塘，築堤防，以灌溉水田。當時及其後來，許多僧侶習得土木技術，例如行基的師父道昭即曾出遊各國，指導土木工程；平安初期的弘法大師空海也曾興建金剛峰寺和東寺。

擁有法力，度人信佛

行基沒有政治權力，也沒有龐大的財力，卻能做出這些偉大的事業，可能是人們相信他的德力，而此德力則源於他的法力。這從他的放生故事，可窺知一二。

有一位名叫鯛女的姑娘，道心深厚，每天上山摘菜獻給行基，不曾錯過一天。某日，她入山摘菜，看到大蛇呑食巨蛙。姑娘懇求大蛇：

「請你放了巨蛙。」

大蛇不理，繼續呑食。姑娘急了，脫口說：

「你放了巨蛙，我就做你妻子。」

蛇聽了，仰頭望著姑娘的臉，終於吐蛙放生。這時，姑娘才覺得大事不妙，遂採取拖延戰術：

「我還有事，所以不是現在，七天後，你來找我。」

七天後，姑娘把家門口和窗戶，舉凡有空隙的地方，都把它堵得死死，自己則屏息關在屋裡。到了晚上，大蛇果然來了，不得其門而入，大怒，用尾巴猛掃牆壁，到天亮才離去。蛇離去後，姑娘立刻到生駒山，把經過告訴了行基。行基說：

「很遺憾，這件事很難處理。妳先恭敬受戒吧。」

姑娘在行基的指導下接受三皈五戒（皈依三寶與受不殺生、不偷盜、不邪淫、不妄語、不飲酒等五戒），而後回去。

回家途中，她遇見一個拿著巨蟹的老人，她對老人說：

「不管您是什麼地方的人，拜託您，放了蟹，好嗎？」

「我是攝津國（今兵庫縣）兔原郡的人，名叫畫問邇麻呂，已七十八歲，沒有子女，也常常沒有飯吃。這次到難波，巧得這隻螃蟹，也與人約好，不能給妳。」

姑娘脫下上衣，欲與螃蟹交換，老人還是不願意；又脫下裳，遞給老人，老人才答應將螃蟹給姑娘。

姑娘回頭找行基，在行基見證下，向螃蟹念誦咒文，希望螃蟹不要再遭遇不幸。

行基見了感動地說：

「眞難爲妳了，棒極了。」

那天晚上，大蛇又來，爬上茅草屋頂，扒開茅草進入屋裡。姑娘嚇得縮在床前，不敢動彈。不知爲何，屋裡一直發出巨響，姑娘不敢抬頭觀看。天亮了，姑娘才畏怯地抬頭，見大蛇已寸斷，蜷伏不動，旁邊有一隻巨蟹，姑娘恍然大悟，原來是昨天那隻巨蟹來報恩，三皈五戒竟然有這般法力。姑娘突然懷疑昨天那老人是否眞有其人？她到老人所告知的地方查看，那地方的人都不知道有邇麻呂這個人。姑娘才知道那老人就是行基。

深受民間愛戴，朝廷也敬重

除了法力之外，一般人也相信行基有神通。神通中，最有名的是六神通，即神足通、天眼通、天耳通、他心通（能讀他人的心思）、宿命通（知過去世的一切）和漏盡通（知煩惱盡可解脫的能力）。

故都飛鳥元興寺附近有個村子，村裡正舉行盛大的法會，村人請行基來說法七日。行基太有名了，鄰近村莊，不論出家、在家人，都群集來聽行基說法。聽眾中，有位髮塗獸油的女人。行基立刻看出來，指著那女人，向聽眾喊道：

「臭得很，把那頭塗獸血的女人趕出去。」

那女人竟然出入禁忌殺生的場所，未免神經太粗。她羞愧地自動離席。一般人看不出那女人髮上所塗的油是獸血，都認為那是色彩艷麗的植物油，行基的天眼卻看出來了。總之，行基獲得了民眾的信任，所到之處，不論男女老少，都集結聽他說法，共同舖路造橋。任何重大的工程在他領導下都迅速完成。

但是，律令制度不許僧侶集結民眾說法論道。行基率領眾多弟子，收攬各地人心，更讓朝廷不安。七一七年，朝廷下令禁止行基傳道說法及營建工程。後來，朝廷為了營建東大寺大佛，有意借助行基的能力與人氣，將他收編到律令體制內。他在畿內設立許多道場，天平十七年（七四五年）更被敘任為日本第一個大僧正（註1），五年後，又做聖武天皇與皇后的戒師，為他們授菩薩戒，被稱為「大菩薩」。

修行高深卻不外顯

這時，元興寺有位被稱為「智慧第一」的和尚智光，非常不服氣，認為行基只是一般和尚，只會做事，沒有智慧，朝廷竟然用他，氣得隱居鋤田山寺。然而，不久，智光得病，下瀉不止，臨終時對弟子說：

「我死了，不能火葬，必須擱放九日。如果有學生問我，就說我有事出去，還沒有回來。知道嗎？不要讓人知道我死了。」

智光死了，弟子依言緊閉師父房門，不讓人進去，就這樣過了九天。第十天，智光醒來，對弟子說了一些奇怪的話語。

他說，死時，閻羅王的使者來帶領他，途中有座大金閣，發出燦然光芒。詢問後，才知道那是行基菩薩出生的地方。到閻羅王跟前，閻羅王罵道：「你在閻浮提嫉妒、毀謗行基菩薩。勾你到這裡，是為了減你的罪。」

於是，智光被處罰抱熱銅柱，骨肉皆溶，爾後放他回到人世間。

智光痛改前非，親自到指揮工程的現場尋找行基。行基有他心通，知道智光的心意，微笑道：「難得我們見了面。」

智光向行基告罪，為行基德行所感，從此熱心傳道說法，教導民眾。

由於行基的努力，東大寺的建造終於完竣。供養的日子一天天接近，聖武天皇指定行基為供養大會的講師。行基認為自己不堪此任，主張由來自異國的聖者擔任。大會日迫在眉睫，行基透過天眼通，知悉異國聖者將至，應該今日出迎。於是，行基接天皇敕旨，率百餘僧侶，眾多官吏、樂人到難波港。行基於閼伽器（註2），焚香盛花，浮於海。

不久，看到遙遠的西邊有一艘小船，向這邊行來。小船前，漂浮著先前盛花焚香的閼伽器。換言之，閼伽器扮演了領航的角色。小船抵岸，一位天竺僧上了岸，行基走過去，握著天竺僧的手，微笑吟歌道：

「靈山釋迦前結契，真如不變相會於此。」

異國聖者也以歌回應：

「迦毗羅衛結契，方得見文殊貌。」

行基告訴眾僧，他是南天竺的婆羅門，名叫菩提。眾人由此始知行基是文殊菩薩的化身，時在天平八年，西元七三六年。

此天竺僧被任命爲僧正，出任天平勝寶四年（七五二年）大佛開眼的供養導師。《沙石集》說，此僧是普賢菩薩化身。

大佛開眼供養的三年前，天平二十一年（七四九年），行基入滅，享年八十，與釋尊享年相同。

註1：受任佛教法務官職的僧侶。有僧正、僧都、律師三個官階，總稱為僧綱。僧正有大僧正、僧正、權僧正的區別；僧都有大僧都、權大僧都、少僧都、權少僧都的區別；律師也有律師、權律師的區別。

註2：閼伽器為六器（火舍、閼伽器、塗香器、華鬘器、燈明器、飯食器）之一，是指盛供養的閼伽、塗香、華鬘之容器。在密教修法壇四方及中央的火舍之左右，各陳列三個。從閼伽器之名稱，容易令人以為只是盛供養之水的容器，其實它是指一般的供養器具。

日本天台宗的開創者

最澄大師

（七六七～八二二）

最澄是日本天台宗的開創者，
天台總壇比叡山延曆寺，也在其手奠基、成型，
最澄蒙受天皇的護持，
延曆寺成了當時最有影響力的佛寺。
之後入唐求法，
得行滿手書及智顗所著《法華疏》等八十二卷。
回日後，創立天台宗，傳播天台法義，
並請天皇敕許在比叡山建立大乘戒壇，
揮別了三乘佛教，樹立了一乘佛教。

日本天台宗的開創者最澄生於西元七六七年，另一說生於七六六年。最澄父親三津首百枝，據稱乃歸化日本的中國後裔，與後漢獻帝有血緣關係。百枝的官名是「首」，在日本古代，是地方最低的官名，依然有自己的領地。其領地在近江滋賀郡古市鄉，屬今日滋賀縣大津市。而最澄的母親據說是系出名門藤原北家。

最澄雖出身地方官僚，卻不能就讀當時地方上最高的教育機關「國學」。依日本律令制度，地方的最高層級是「國」（約略等於日本今日的縣）。從奈良中期，每一國都設有國分寺。國分寺管轄該國的宗教行政，以教化民眾，同時也選拔附近優秀子弟，加以教育，以培養寺院僧侶。因此，國學是官吏養成機關，而國分寺的教育以培養僧侶爲主，就學者必須出家。

隨師修禪也修天台

十二歲時，最澄入近江國分寺，十五歲得度，改幼名廣野爲僧名最澄。最澄師事國師行表。行表乃奈良大安寺僧侶，其師道璿是從唐渡日的歸化僧。道璿除了傳授戒律外，也修禪學天台。一般認爲，鑑眞傳戒律於日，其實在鑑眞之前，道璿已將戒律傳到日本。道璿所修的禪屬北宗禪，與其後榮西、道元所修的南宗禪不同；最澄可說是道璿的孫弟子，當最澄拜行表爲師，行表已五十七歲。

在行表嚴格的指導下，最澄順利成長，二十歲（七八五年）在東大寺戒壇獲授具足戒，意指取得國家公認的僧侶身分，長此以往，將居國家佛教的頂峰。受戒後，最澄進入與道璿、行表關係密切的大安寺修學。

三個月後，最澄突然離開南都奈良的大安寺，到京都登上比叡山，展開山林修行。放棄未來的榮達，進入眞正修行之道，其理何在呢？依其在比叡山修行時所寫的《願文》指出：「悠悠三界，純苦不安；擾擾四生，唯患不樂。牟尼日久隱，慈尊（彌勒）月未照。近三災之危，沒五濁之深。風命難保，露體易消。」無常感溢於言表，因而自稱「愚中之極愚，狂中之極狂」。

結庵比叡山，延曆寺奠基

比叡山在京都東北，以海拔八百四十八公尺的大比叡爲主峰，與四明嶽、釋迦嶽和水井山相連。目前，山中有延曆寺眾多堂塔伽藍，俗稱三塔十六谷。古來，比叡山即是「大山咋神」鎭守之聖地，人們崇拜的對象。奈良時代，因是聖地，乃成爲修佛之道場。山林修行者都各自在比叡山中選擇適當的場所，結庵修行，不與他人來往。

最澄最先設置的草庵，在現在東塔紅葉溪的本願堂一帶。入山第四年（七八八年），在現在的根本中堂建一乘止觀院。最澄曾親自製作與人體一般大小的藥師如來像，做爲一乘止觀院的本尊；並鑽火獻明燈於本尊，此即延曆寺「不滅燈明」之始。後來加上了最澄從中國五台山帶回的「燈明之火」，愈增其輝。

其實，一乘止觀與中國五台山的智顗思想相符。一乘乃指一佛乘，有別於過去的三乘；三乘是聲聞乘、緣覺乘和菩薩乘。這是因爲人生而有能力與素質的不同，人各因應能力與素質之不同而坐上前述三種乘物。三乘中，最高的是菩薩乘；將此理念發展至極致的是法相宗。但是大乘佛教標舉拯救一切眾生，又分梳三乘，不免有內在矛盾，由此產生了所謂「一乘」思想。一乘是大乘中的大乘，強調平等，也肯定現實。

天台大師智顗的另一重要思想是止觀。「止」是止內心之動搖，而住於根本之眞理。「觀」是使不動之心變成智慧之運轉，以就眞理正確觀察事物之流變。因此，止是主體的確立，觀是整體而客觀地觀察各種現象，然後下正確的判斷。

最澄的一乘止觀院所呈現的「一乘」、「止觀」與智顗的天台宗相當切合，可見他對天台法華的傾心。建一乘止觀院時，最澄曾立下五大心願：第一願，未得悟前，不下山混居人間；第二願，不得悟，不玩才藝；第三願，未得具足淨戒，不參與檀主法會；第四願，未得般若心，不參與世間庶事；第五願，得悟後，所修功德不獨享，普施有識，皆得無上菩提。亦即：

「解脫味不獨飲，安樂果不獨證。法界眾生，同登妙覺；法界眾生，同服妙味。」

一乘止觀院之後，最澄又陸續興建經藏、八部院與文殊院等。不僅修行精進，堂宇也日趨完備，最澄聲名亦日漸興隆，聖俗慕名到一乘止觀院的愈來愈多。七九四年十月，桓武天皇發遷都之詔，正式從奈良遷都到京都，十一月八日又詔：「山河襟帶，自然作城……宜改山背國爲山城國……號平安京。」亦即新都名爲平安京。

遷都前一個多月，從九月三日起，在一乘止觀院舉行盛大的七日法會。主持這次「一乘止觀院初度供養會」的是桓武天皇寵信的藤原小黑麻呂和紀佐教。善殊、義眞、勤操等高僧也從南都奈良與會。這次法會對桓武天皇來說，有鎭鬼門之意。藤原小黑麻呂爲遷都到京都實地勘查時，依陰陽道，新都東北的鬼門有一高嶽，此高嶽即是比叡山。爲確保新都「平安樂土萬年春」，必須在比叡山進行鎭鬼門儀式。天皇也從建議遷都的和氣清麻呂與宮內僧壽興處得知最澄，決定由最澄主持這次法會。從此，桓武天皇、和氣清麻呂及其子廣世、眞綱全力援護最澄。

講授《法華經》，天皇護持

七九七年，桓武天皇任命最澄爲「內供奉」，職掌是在朝廷內祈求天皇安泰，提供佛事意見。依前述「願文」，最澄想必自認已得悟，才會接受天皇任命，參與俗事，距最澄入山已十二年。次年，最澄開始在比叡山向弟子講《法華經》，這是第五願的實踐。八〇二年，和氣廣世、眞綱兩兄弟在和氣氏的菩提寺高雄山寺（今神護寺）舉行亡父清麻呂、伯母廣蟲的三周年忌法會，請最澄為講師，為時長達五個月，此即所謂「高雄講經」。

最澄這次所講乃智顗的「天台三大部」——《法華玄義》、《法華文句》和《摩訶止觀》。桓武天皇聽了這次演講，深受感動，讚揚最澄在日本解說天台一乘佛教的功德；南都高僧也隨聲附和，最澄聲名更為遠播。天皇有意讓天台宗獨立，成為佛教的一個門派。最澄聽了雖心喜，卻採取謹慎態度，反而提出入唐意願：「每恨法華深旨尚未詳釋。幸得天台妙記，披閱數年。但字謬行脫，未顯細趣。若未受師傳，雖得亦不能信。」（〈請入唐請益表〉）並請天皇允許以弟子義眞為通譯同行。

遣唐「留學生」，歷史獨有

天皇答應，敕任最澄為「入唐請益天台法華宗還學生」。所謂「還學生」乃相對於留學生；留學生指長期留學，還學生則是短期留學，地位高於留學生，費用全由國庫支給，通譯亦然。在遣唐使的歷史上，還學生只有最澄一人，可見桓武天皇對他期待之殷切。

「高雄講經」的前一年，朝廷已決定派遣第十六次遣唐使。經一年半的準備，於八〇三年從難波港（今大阪）啓程，共四艘，最澄坐上第二艘。啓航後數日即遇暴風雨，遣唐使節藤原葛野麻呂回京，最澄遊歷太宰竈府門山寺等，等待船隻啓航。第二年五月，最澄再度坐上第二船，遣唐使節藤原葛野麻呂所搭的第一船多了日本眞言宗的創始者空海。但這兩個日本平安時代最崇高的宗教師並沒有見面。四艘遣唐使船從肥前國松浦郡田之浦（在今佐賀縣）啓航，奔向東海。啓航第二天，船隊又遇暴風雨。空海的第一船，漂流月餘，才抵達離目的地更南邊的福州赤岸鎮；最澄的第二船漂流五十四天，進入明州寧波港；第四船則行蹤不明。

休息二十多日後，最澄與通譯義眞直奔天台山的所在地台州，謁見刺史陸淳，取得旅行許可。陸淳介紹最澄認識駐紮台州龍興寺的天台高僧道邃。從智顗算來，道邃是天台宗第七祖。最澄赴龍興寺聽道邃講道，並面謁道邃，直接受教，深得天台奧義。但到中國，目標本是天台山，乃與道邃道別，往天台山行去。

天台山有兩個中心伽藍。一是道邃爲座主（註1）的修禪寺，另一是國清寺。修禪寺是總壇，也是位處山中的修行之所；國清寺則在山麓，可視爲天台山的玄關。最澄先入國清寺，再由座主行滿陪最澄上修禪寺，並給最澄手書及智顗所著《法華疏》等八十二卷，意指將所修天台教理全部傳授給最澄。行滿與道邃是師兄弟，行滿手書寫道：

「昔聞，智者大師告諸弟子曰，吾滅後二百歲，始於東國，吾法興隆。聖語不朽，今遇此人。我所披閱法門捨與日本闍梨，將去海東，當紹傳燈。」（《行滿和上印

信》）

最澄留在天台山，跟禪林寺翛然學禪，由國清寺惟象授與密教曼荼羅。一個月後，離開天台山，到龍興寺在道邃之下，受教修行約一百三十日。

八〇五年，道邃在龍興寺極樂淨土院，與唐僧二十七人，授最澄與義眞大乘戒（菩薩戒）。後來，最澄將大乘戒移植到日本。受大乘戒十三日後，道邃又給予「付法印信」，表示最澄可傳授天台佛法。同時在台州刺史陸淳的安排與道邃的支援下，雇人筆寫與天台相關的書籍一百二十部三百四十五卷。啓程東歸前，最澄到越州（紹興），師事越州龍興寺順曉學密教。

最澄入唐求法時，已逐漸形成了日本天台宗「圓密禪戒」的骨架。圓指天台宗，密指密教，戒指大乘戒。獲得了這些重大收穫，八〇五年五月十九日，最澄搭上了遣唐使船回國。

回日，天台終獨立成宗

最澄回到京都，將自中國帶回的經論佛具寫成《將來目錄》，呈現給桓武天皇，天皇看了所附表文，非常高興，命令南都諸大寺傳播天台法文。八〇六年一月，最澄上表，希望天台宗也能分配到「年分得度者」。當時佛教都在國家統制下，正式僧侶須獲朝廷承認，僧侶數也有一定，例如法相宗和三論宗各五人，獲得年分度者的資格，生活費就由國家支付。

最澄的上表文想阻止法相宗與三論宗的獨占，期望年分度者的數目能重新分配爲法相宗三人、三論宗三人、華嚴宗二人、律宗二人，另增天台宗二人，並獲得桓武天皇的支持。天台宗終於成爲國家承認的一個獨立宗派，得於跟南都六宗平起平坐，甚至可以說是在平安京成立的唯一宗派。

然而，不幸的情事降臨於最澄身上。首先，自桓武天皇末期，正純密教流行京都，深受歡迎。密教分雜部密教（雜密）與正純密教（純密）。平安時代以前，日本流行的是雜密；入平安時代後，以《大日經》和《金剛頂經》爲主要經典的純密大爲流行。最澄雖學過純密，仍以天台爲主。更大的不幸是，桓武天皇的去世，他是最澄最大的支持者。桓武天皇去世後，經平城天皇，進入嵯峨天皇時代。嵯峨尊信空海，與空海締結了比桓武與最澄更親密的關係，所以最澄在朝廷的地位一落千丈。

推廣天台，與各宗派高僧激論辯戰

而當時對最澄最爲反感的是南都佛教界，尤其法相宗；年分度者，法相宗本擁有五人，卻因最澄的上表降爲三人，法相宗不滿情緒即表現在最澄《法華經》的講座上。八一五年，最澄應和氣眞綱之請，赴南都大安寺講《法華經》。大安寺乃師祖道璿、師父行表駐紮的寺院，自己也曾在此修習。這次講座以法相宗爲首，南都佛教界群起攻擊最澄，最澄也毫不客氣，與各宗派高僧展開激烈論戰。

八一七年，他爲了推廣天台宗，將教勢推展到東日本，乃從近江，由中山道到關東及東北傳教。在傳教過程中，跟法相宗的德一上人展開了激烈的論戰。德一在南都學佛後，赴東日本教化民眾，深獲民眾信尊。他的據點是自己創立的會津惠日寺，據稱德一在東日本創建了五、六十座佛寺。

德一和最澄的論戰重點乃在於《法華經》是權教抑實教，以及南都的三乘佛教與天台的一乘佛教孰優孰劣。德一著《佛性抄》批判最澄稱《法華經》爲實教正法的論點；而最澄集結己說成《照權實鏡》，認爲一乘優於三乘，故敘說一乘的《法華經》乃實教，正面否決《佛性抄》的說法。以此爲開端，兩者展開了長達五年的論戰。雙方分別將論戰的文章編成書，最澄臨終前一年出版了最後的論戰之書《法華秀句》。

事實上最澄與德一的論戰，也可以說是最澄天台宗與南都佛教間的論戰，甚至可以說是大乘派與上部座派的論戰。上部座派的戒律是四分律，依律令制度中「僧尼令」的規定，只有在奈良東大寺戒壇院受四分律之戒，才能成爲正式僧侶，最澄也曾受此戒。同樣的，最澄在中國天台山也受過大乘戒。天台宗既屬大乘派，就應棄四分律，就大乘戒。

基此觀點，八一八年三月，最澄宣布放棄四分律，並請天皇敕許在比叡山建立大乘戒壇，獲得了許可。最澄揮別了三乘佛教，樹立了一乘佛教。首先，他向朝廷提出培養天台新僧的《天台法華宗年分學生式》，獲得天皇裁可；因天台年分度者共有六條規則，故簡稱為「六條式」。要成天台僧侶，須居山修行十二年。接著，又著《勸獎天台宗年分學生式》（八條式）和《天台法華宗年分度者回小向大式》（四條式），皆獲敕許。這六條式、八條式、四條式總合稱為《山家學生式》。南都佛教對《山家學生式》也加以強力批判，最澄細讀南都佛教的批判後，八二〇年著《顯戒論》，附〈內證佛法相承血脈譜〉，呈現給朝廷。朝廷將《顯戒論》轉送給南都僧綱（佛教行政長官），僧綱無能反駁，最澄獲得大勝。

八二二年六月十一日，嵯峨天皇允許最澄建立大乘戒壇，但最澄在接到建立大乘戒壇敕許的前一個星期，已逝於比叡山中道院，享年五十六。第二年，嵯峨天皇將最澄最大支持者桓武天皇的年號「延曆」賜給比叡山，做為天台宗的寺號「延曆寺」。

註1：即一座之中，學德兼具，堪作座中之上首者；或指一山之指導、住持者。禪林用語，又稱坐主。禪林中，每稱從遠方來參問之講經僧為座主。在日本，係指大寺之主管，通常皆由政府任命。

日本真言宗的創始人
空海大師
（七七四～八三五）

空海是日本密教真言宗的創始者，
從小被喻為神童，卻捨儒而入佛，
後來入唐覓得密教正師惠果，
學得密教精髓，返日宣揚密教。
空海與最澄堪稱是日本平安時代同期的兩大宗教家，
卻由相知相惜，變成道不同不相為謀。
空海得天皇之寵信，
替密教真言宗奠下發展利基，
逝世百年後，並獲醍醐天皇賜「弘法大師」諡號。

密宗在日本稱爲眞言宗，奈良時代已傳入日本，是以陀羅尼爲主的雜密；到平安時代初期，空海從中國傳入以《大日經》和《金剛頂經》爲主的純密經典，乃以眞言宗爲名，在日本盛行。因此，一般都認爲空海是日本密教眞言宗的創始者。

空海與天台宗的創始者最澄，堪稱是日本平安時代同期的兩大宗教家。空海於西元七七四年生於讚岐國多度郡屛風浦（四國香川縣善通寺市），幼名眞魚。據北畠親房《神皇正統記》稱，空海母親夢見一位天竺僧人來投胎，六月十五日誕生，正是大唐不空三藏入滅之時，故謂空海是不空三藏的轉生。不空三藏是將印度密宗傳入中國的名僧，他對中國的重要性，就像空海對日本的重要性一樣，故以轉生爲喩。

被喩「神童」，卻捨仕宦轉求道

空海出身四國名門，父親佐伯眞田公；母親出身阿刀氏，阿刀氏一般認爲是對儒家與佛教頗具學養的歸化人家系，母舅中即有出仕桓武天皇之子伊予親王侍講的大學者阿刀大足。十五歲，入地方的最高學府國學；三年後，隨阿刀大足赴京入大學。當時大學有明經、明法、文章、算道等科，空海入明經道，專攻儒學。在故鄉被稱爲「神童」的空海，可說前途無量，自己也全力以赴。

但是，入學後沒有幾年，空海突然離開可期的榮景，入山修行，由「儒」入

「佛」，他說：「有一沙門，呈余虛空藏聞持法，其經說：『若人依法，誦此眞言一百萬遍，即得一切教法文義暗記。』於焉信大聖之誠言，望飛燄於鑽燧。」（《三教指歸》）。「虛空藏聞持法」亦稱虛空藏求聞持法，是奈良時代一般人所相信的記憶增強祕法；向司掌智慧的虛空藏菩薩祈願百萬遍，即可背誦所有佛教教法。

空海放棄一切，投入山林修行之途，全心修持虛空藏聞持法；母舅阿刀大足愛空海之才，當然不願空海放棄榮景，遁入佛門，一直要他回心轉意，空海卻「朝市榮華，念念厭之，巖藪煙霞，日夕飢之……誰能係風」，表達了自己不易的決心。

《三教指歸》明志，以示出家決心

二十四歲，空海以四六駢儷的漢文寫成《三教指歸》，表明自己出家的意旨。四個出場人物分別代表各宗教，龜毛先生代表儒教，向代表貴族子弟的蛭牙公子敘說忠孝與飛黃騰達之道，以勸阻公子的浪蕩生活。虛亡隱士代表道教，否定儒教的世俗榮耀，強調超俗的生活方式。出家修行的假名乞兒出現在龜毛先生與虛亡隱士的駁論現場，娓娓敘說佛之教。

起先，龜毛先生和虛亡隱士都主張自己所論眞實確切，然皆不出利己的價值觀；到假名乞兒展示佛教拯救一切眾生的深遠哲理時，他們兩人才信服。「今偶賴高論之慈誨，乃知吾道之淺膚，噬臍以悔昨非，碎腦以行明是，仰願慈悲，大和上重加指南，察示北極。」展示了佛教的崇高地位。然而，空海並沒有因此而排擠儒道，《三教指歸》序云：「物情非一，飛沉性異。是故，聖者驅人，教綱三種，所謂釋李孔也。雖淺深有隔，並皆聖說。」

空海創立的眞言宗就像序中所言，包容、統合了各類思想。《三教指歸》完成後，約有七年，空海的行跡完全不明，依其後他對佛教教理與對《大日經》的瞭解，他在這段山林修行中必定勤讀佛典與密教典籍。八〇一年，一得知朝廷擬派遣唐使赴唐，空海就有意到當時密宗的重鎮唐朝尋師解惑。但他不是正式的官度僧，而是私度僧，沒有搭遣唐使船的資格。空海運用阿刀大足及南都佛教界的關係，於八〇四年正式剃度出家，時年已三十一。是年五月，遣唐使船再度啓程，遣唐大使藤原葛野麻呂乘坐的第一船中，已可見到空海身影，第二船則有平安佛教另一巨擘最澄。

從渡唐南路，遇暴風，經一個多月的海程，遣唐使船才漂流到了福州赤岸鎮南方。赤岸鎮本非渡唐要津，所以福州觀察使閻濟美以爲是走私船，不許遣唐使船登陸。藤原大使請空海寫一封文情並茂的渡船書給閻濟美，他見船中有如此文才之人，斷定非走私船，乃許登陸。閻濟美復愛空海文才，想留他在身邊爲祕書。

空海又寫一書給閻，表達到唐取經回國傳道之意，文意簡潔，眞情流露，閻乃放行。八〇四年十一月，遣唐使與空海一行從福州啓程，十二月二十三日抵達唐都長安，遣唐使獲唐德宗接見。不久，空海即往長安醴泉寺，隨喀米爾出身的般若三藏和中印度出身的牟尼室利三藏，學梵語以及與密教相關的印度思想。另一方面，空海也積極在長安尋求密教正師。

終覓正師惠果獲傾囊盡授

當時，唐朝正盛行以《大日經》和《金剛頂經》為主體的純密。密宗本是大乘佛教的一支，四世紀時逐漸與其他大乘佛教分離獨立，到七世紀《大日經》和《金剛頂經》在印度成立後，有了自己的立足點，為與前一代的雜部密教（雜密）區別，稱為正純密教（純密）。純密分為《大日經》的胎藏界曼荼羅和《金剛頂經》的金剛界曼荼羅。胎藏界與金剛界本密接不二，到純密成立後，二界雖互相影響，也逐漸分離，各自發展。

善無畏屬胎藏界，據稱出身東印度王族，唐玄宗開元四年（七一六年）以八十歲高齡到長安，培育了許多弟子，也翻譯《大日經》與《虛空藏求聞持法》等密教經典為漢文。而晚善無畏四年入唐的金剛智，在長安建金剛界曼荼羅的灌頂道場，為弟子及一般庶民舉行灌頂儀式，同時傾力翻譯《金剛頂經》系統的經典，金剛智門下出了不空三藏，不空相傳出身印度，一說出身西域，十六歲師事金剛智，參與密教經典翻譯工作，也讓密宗在中國大放光輝，但不空僅窮究金剛智相傳的金剛界曼荼羅，到下一代的惠果才精通胎藏金剛二界。

惠果是唐人，先入不空弟子曇貞之門，後爲不空賞識，被不空收入門下，由不空授予金剛界奧義；接著，就善無畏弟子玄超學胎藏界曼荼羅，是密教史上第一個習得二界曼荼羅的高僧。他以長安青龍寺爲據點，說法培育弟子，亦爲唐帝所尊崇；八〇四年，在長安醴泉寺建金剛界曼荼羅灌頂道場。空海尋尋覓覓，終於遇到了正師惠果。惠果時年六十，身體已日衰，能遇空海自是高興。空海入門不久，惠果即在學法灌頂壇，授空海胎藏界五部灌頂。灌頂本是古印度國王即位儀式，在密教則是轉生於佛家的儀式，八〇五年七月又授空海金剛界五部灌頂，並給空海灌頂號遍照金剛，八月爲空海舉行傳法阿闍梨灌頂，傳授空海金胎兩部大法，此法連大弟子義明都未傳授，可見惠果對空海的重視。是時，惠果勸空海早日回國，爲國爲民弘揚密教。

空海依師囑，於八〇六年八月，搭遣唐使船回國，十月渡東海於九州博多登陸。隨即寫信向朝廷報告，並表達自己的密教基本立場，卻因母舅阿刀大足出仕的伊予親王在政爭中失敗，服毒自殺，以致朝廷遲遲沒有派人來接他，足足等了三年。八〇九年，才獲許入京。在這之前，空海曾登比叡山會最澄，並自我介紹。最澄也向空海借密教經典，兩人親密來往。由此可以推知，空海獲許進京，深受桓武天皇信崇的最澄，扮演了從中周旋的重要角色。

與最澄相知到交惡

空海進京後，住在與最澄關係甚深的高雄山寺（現在的神護寺）。當時，桓武天皇已崩，平城天皇繼立。平城天皇爲腳病所苦，乃於八〇九年讓位給皇弟神野親王，是爲嵯峨天皇。嵯峨天皇頗有文人氣質，性喜藝術。在當時氣氛，佛教要能行於世，大都需有外護，也就是要有權力者支援，如最澄獲桓武天皇外護，得以發展天台宗。空海深諳此理，加上密宗教理也不否定現世王權。

以空海思想來說，他雖將佛法放在王法之上，但兩者間沒有明確的分界，密教稱密嚴淨土，主要意思是要在此世實現大日如來的絕對悟覺的世界，跟後來的淨土宗將重點放在彼岸不同，是把重點放在此岸（此世）。所以要在此世建設密嚴淨土，就需活動王法，將王法導向建設密嚴淨土的正法。爲此目的，空海積極接近嵯峨天皇。空海善書，嵯峨也喜書法，空海揮毫書寫《世說》美文爲屏風，獻給天皇，天皇大悅，兩人開始來往。但是，他與最澄的關係卻愈來愈疏離，除了彼此爲爭弟子泰範形成心結外，最主要的原因是對佛教教理看法的差異。

最澄以一乘教觀點，認爲以經王《法華經》爲主的天台宗是眾教之首。空海的主著《祕密曼荼羅十住心論》及其節本《祕藏寶鑰》，在其特有的包攝性體系性的構想下，展開了他雄偉的宗教世界。十住心是把人類精神的發展分爲十種住心（心靈世界），同時將現有的思想皆安排在十住心中。

空海認爲，十住心體系的最上位是密教，稱爲祕密莊嚴心，密教之外的其他佛教只有拂塵的功能，只有眞言密教才能開啓祕密的寶庫，藉此以實現一切價值。除了最上位的祕密莊嚴心之外，從最下位的異生羝羊心到第九位的極無自性心，本身皆不能自成，只是進展到祕密莊嚴心的因或過程。

最澄所信崇的天台宗屬第八住心——一道無爲心，次於華嚴宗的極無自性心。這種觀念，空海雖發表於八三〇年，但在從唐歸國時，就有了此一基本觀念。總之，密教不僅位階最高，也包攝含蓋了其他各類思想。這跟最澄將天台宗界定爲一乘教，以革新南都佛教，自然有所不同。八一六年五月，空海要門徒泰範代筆寫絕交書給最澄，泰範本是最澄的門徒。

求賜高野山道場，並獲賜東寺

八一六年六月十九日，空海上奏天皇，請求賜給紀州（今和歌山縣）高野山做爲密宗修行的道場。他認爲，日本進高山深嶺修行佛法的人比中國少，因爲過去修禪觀法之法（密宗）不傳，也沒有適合修行的場所。依密教經典說，深山的平地最好，高野山正是這樣的場所。上奏不到二十日，天皇即許其所請，天皇對他的寵信，由此可見一斑。八一五年五月，依空海的設計藍圖開始興建堂塔伽藍，逐步完成了東塔、西塔、講堂等。

依伽藍配置來看，東西二塔南面而建，其前方則建講堂。這種布置與中國密宗寺院完全不同。空海以東塔表徵胎藏界曼荼羅，西塔表徵金剛界曼荼羅。其後，空海又依此構想建立高野山中的修行道場，名爲金剛峰寺。八二三年，空海五十歲時，嵯峨天皇又賜給東寺。

桓武天皇營建平安京寺時，夾著南邊的入口羅城門（一稱羅生門），建東西二寺，以鎮護王城，今西寺已不存，東寺的五重塔則是日本最高的佛塔。空海在東寺建了講堂、五重塔等，並把從唐帶回的佛像、佛畫、經典等全部移到東寺，東寺成了眞言密教的根本道場。東寺的伽藍配置並非採取密教的表現方式，但空海以金剛界曼荼羅爲中心所構想的羯磨曼荼羅世界，現在仍保留在東寺講堂中。獲賜東寺之後十年，空海來往於高野山和京都之間，也完成了他最重要的著作《祕密曼荼羅十住心論》等。

八三二年十一月，空海悟死期將近，開始斷穀修行，最後甚至斷水，全神投入修禪觀法。斷穀修行兩年五個月後，空海如眠般停止了呼吸，時在八三五年三月二十一日，享年六十二歲。九二一年，醍醐天皇賜以「弘法大師」諡號。

極貧中念佛不止

沙彌教信

（七七四～八六六）

有「阿彌陀丸」之稱的教信上人，
一輩子虔誠念佛，
後世的淨土思想也受其影響，
淨土真宗的親鸞更視教信為最佩服的前輩，
以非僧非俗的身分實踐佛法。

日本淨土眞宗始祖親鸞上人在生活方式上，終生敬仰不已的是奈良末期、平安初期的沙彌教信，兩人的身分皆是「非僧非俗」。

教信留下的記錄並不多，有一說是光仁天皇之子，約生於七七四年，先在奈良興福寺修唯識與因明，旋悟覺，乃隱居於播磨國（在今兵庫縣）賀古。後捨聖教，娶妻生子，在極貧困中依然念佛不已，附近人家稱他爲「阿彌陀丸」。

以念佛系統來說，教信可能是日本最早的念佛者。日本第三代天台座主圓仁在日本傳授常行三昧（念佛三昧），是在平安時代的八五一年。而被稱爲日本淨土教之祖的空也在京都市街宣揚念佛，是在九三八年。由此可知，教信是日本淨土教的先驅者，源信、良忍、空也、法然、親鸞、永觀等後世的淨土思想，可說是由教信的思想基礎而來。

教化勝如的傳說

教信有一則很有名的故事流傳下來。平安初年，攝津國（在今大阪府）嶋下郡有一座勝尾寺，相傳是光仁天皇之子開成七六五年所建的古剎，初名彌勒寺，清和天皇行幸此寺賜名勝尾寺。此寺住了一位高僧勝如聖人。

勝如道心深邃，離眾僧另結草庵，住居其中，爲六道（地獄、餓鬼、畜生、阿修羅、人、天）眾生修無言之行達十數年，平時也不常跟弟子見面，更少跟凡俗會面。某日深夜，有人來訪，叩勝如柴門。勝如雖知有人，因修無言之行，不能開口說話，乃清欬一聲，示意庵內有人，來人在門外說：

「我住在播磨國賀古郡賀古驛北邊，名叫沙彌教信。長年念誦南無阿彌陀，願往生極樂。今日將完成宿願，往生樂土。聖人（即勝如）也將在某年某月某日往生樂土。特來告知此事。」

言畢離去。勝如聞言大驚，也頗感懷疑。天明，即停止無言之行，叫來弟子勝鑑，告知此事：

「昨晚，有人對我說此不可思議之事。你立刻到播磨國，查看有無教信其人。」

勝鑑依師指示赴播磨國探訪。不久，在賀古驛北方看到一座小小草庵，庵前停放一具亡者死骸，犬鳥競食其體，這是當時的風葬習俗。庵裡一個老婦和一個孩童悲泣不已。

勝鑑走近庵門，問其緣由，老婦說：

「那邊躺著的是我長年相伴的丈夫，名叫沙彌教信。活著的時候，經常唱誦彌陀佛。不分晝夜，不論起臥，不敢片時荒怠。附近鄉人都稱他阿彌陀丸，昨晚去世。我雖老，但長年相伴的丈夫死別，不禁悲從中來，故在此悲泣。身旁這位是教信之子。」

勝鑑回勝尾寺，一五一十向勝如報告。勝如聽了甚感悲戚，也興起敬畏之念。於是，勝如親赴教信處，悲泣念佛，而後回自己草庵。從此，勝如日夜念佛。最後，在教信告知的某年某月某日，往生極樂。

有一說，勝如聽了勝鑑的報告後，心想，念佛之行比自己修行十多年的無言之行，要好得多。教信八十歲（八六六年）時圓寂，那年的八月二十一日，勝如首次離開所居，往訪附近人家，說大乘之教，以教化眾人。不僅自己念佛，也勸他人念佛，更作丈六阿彌陀立像九尊，書寫《法華經》六部，這是望九品極樂淨，救六道眾生之意。

百年後相似的傳說，宣說念佛功德

和教信故事相類似的是，百年後十世紀中葉的餌取法師故事。天台第十五代延昌座主（九六四年就任）年輕時，曾到念佛行者眾多的京都北山——大原山西北方向的深山，四處毫無人煙，只見西谷有炊煙裊裊，急步往視，有一小屋，延昌往前借宿，一老婦請延昌入內。屋裡堆滿薪柴，延昌坐柴上。

不久，有一老和尚背著東西回來，把東西放在門口，進入屋裡。老婦取出行李中的東西，用刀切成細片，放入鍋中煮熟後，惡臭難聞，老婦與和尚共進晚餐。吃完後，汲水入鍋燒水。原來那老婦是老和尚的妻子。剛才他們所吃竟是牛馬之肉，想不到自己竟入屠夫之家，延昌大爲恐慌。

半夜，老和尚起床，用所燒的水從頭淋下淨身，然後拿了放在別處的衣服穿上，出門而去。延昌好奇，跟蹤而行。老和尚走進屋後小草庵，佛前點燈，放火入香爐。而後坐在佛前，唱誦彌陀，聲聲入耳，極其虔誠。延昌不禁大爲敬佩。

天亮，老和尚念佛勤修結束，走出草庵，延昌走近老和尚身邊，說：

「本以爲你是毫不足取的卑賤之人，爲何如此勤修？」

「我的確是毫不足取的人，剛才在那邊的是長年相伴的老妻，我沒有可吃的東西，才去撿拾屠夫不要的牛馬之肉，以維繫生命。但是，除了念佛之外，我沒有做任何事。死的時候，我一定告訴你。希望我死後能請在這兒建立佛寺，這住家就捐給你。」

之後，過了許久，延昌已成爲一個了不起的法師，也忘了與餌取（屠夫）老和尚相約之事。某年三月，夢中，從西方天空傳來美妙的音樂，接著有人叩門。

「什麼人？」

「我是先前在北山跟你相約的乞丐和尚。我現在正要離開這個娑婆世界，已獲得援引到極樂世界去。特依約前來告知。」

醒後，延昌非常訝異，便遣弟子去察看。弟子抵達，但見一老婦哭泣道：「我的丈夫昨晚半夜念佛中去世了。」

弟子回報，延昌流淚，對餌取和尚無比尊崇。其後，延昌僧正將此事上奏村上天皇，而在餌取和尚住處建了補陀落寺。僧正從此念佛修善根，而往生極樂。

這兩則故事都以勝如和延昌側寫教信與餌取，勝如和延昌也因受他們的影響勤修念佛，邁向大乘自利利他的菩薩行。但兩人在往後的日本佛教史中，開念佛之始的教信比餌取更受尊崇。親鸞崇敬他，淨土時宗的始祖一遍更是敬崇有加。一遍的弟子湛阿為紀念教信忌日，在播磨國教信寺化緣舉行盛大的念佛法會。

日本天台宗第三代座主

圓仁大師

（七九四～八六四）

圓仁十五歲登比叡山延曆寺，
師事天台宗始祖最澄，
也是最澄選出聰慧弟子十人之一，
學習天台大師智顗的《摩訶止觀》，
被視為繼承人。
亦曾入唐求法十年，廣學密教儀軌，
在天台宗的基礎上，導入了密教的儀軌，
建構了天台密教，
成為天台第三代座主，將天台發揚光大。

西元七九四年，日本從奈良長岡京遷往京都，開啓了平安時代，當時，京都稱爲平安京；這一年，圓仁生於下野國都賀郡（今栃木縣上、下都賀郡）。圓仁的父親壬生首麻呂，曾任都賀郡三鴨譯長（類似今日公路站長），並建大慈寺嚴堂；其兄秋生位階外從七位下，屬下級官僚；其侄宮雄曾建大慈寺觀音堂。圓仁家系與大慈寺關係甚深，恐是該寺檀越（註1）。

相傳圓仁誕生時，紫雲覆蓋其屋，大慈寺住持廣智親見紫雲，認是奇瑞，斷定前途未可限量。九歲時，從兄秋生學「外書」（佛教外典籍）「經史」，但心慕佛教，入經藏，見《觀世音經》（即《法華經》之〈觀世音菩薩普門品〉），爲其所迷，乃從廣智修佛。大慈寺乃行基於七三七年所建，在栃木縣下都賀郡岩舟町，二祖爲道忠、三祖爲廣智。當時，東北地方戰爭頻仍，生民塗炭，觀世音的救苦慈悲影像，或許是他心傾佛教的一大動力。

登比叡山，得最澄賞識

十五歲時（八〇八年），圓仁遠離家鄉，由廣智帶領，赴京都登比叡山，入以《法華經》爲修行中心的延曆寺，師事天台宗始祖最澄。最澄告訴圓仁：「我一直弘揚眞俗二諦爲不生不滅。世人僅信眞諦爲不生不滅，還不瞭解俗諦也是不生不滅。你須向世人宣揚二諦爲不生不滅，以推廣圓教，給世人利益。」在這教誨下，圓仁由最澄授予止觀眞髓，並體得重要經論的要諦。

最澄門徒雖多，但都離散而去，因爲即使在天台宗得度，仍須赴東大寺授戒，以此爲機，紛紛奔向便於出人頭地的南都（註2）各寺，最澄不禁嘆息：「弘法者不多。」於是，最澄選出年少聰慧的弟子十人，特別教授天台大師智顗的《摩訶止觀》，培養他們做爲自己的繼承人，圓仁也在這十人中。圓仁之外的其他九人都中途離去，只有圓仁日夜苦讀。據傳，圓仁學完一卷，必登壇講述，直到全十卷修完。如果有人來學《摩訶止觀》，最澄即讓圓仁講述，最澄對他的講述十分滿意。

數年後，圓仁得度，依律修沙彌業兩年，而後於八一六年在東大寺受具足戒爲比丘。隔年，隨師最澄旅行上野、下野二國。最澄在上野國綠野郡的綠野寺和下野國都賀郡的大慈寺，各立一級寶塔，各塔安置筆寫《法華經》一千部八千卷，並連日講述《法華經》，及《金光明經》、《仁王經》等大乘佛典，其成果「所化之輩逾百千萬，見聞道俗，莫不歡喜。」

此外，在〈上顯戒論表〉中，最澄也強調「授圓教戒，稱菩薩僧，勸菩薩行，一十二年，不出叡山，得修四種三昧。」圓仁依師訓，晝弘傳天台法門，夜修一行三昧。約過六年，山內僧侶請他出山弘揚天台法，予人利益，圓仁都不肯答應。但禁不住山中僧侶的一再懇求，圓仁終於決定下山，先在南都講《法華經》、《仁王經》

等，後赴東北弘揚一乘教法。

入唐請益僧，廣學密教

八三五年，日本準備派遣第十七次遣唐使；使節團可讓僧侶隨行，隨行僧侶分請益僧和留學僧兩種。比叡山延曆寺推圓仁爲入唐請益僧，山中僧侶擬出「圓澄疑問」、「義眞疑問」等，請圓仁帶到唐地請唐僧解疑。

八三六年啓程後，連遇兩次颶風。第三次才順利出航，八三八年七月，抵達揚州，住進開元寺。天台宗請益僧圓仁與留學僧圓載請求准許赴浙江天台宗總壇天台山。等待期間，圓仁獲得文襲的《維摩經記》五卷、道液所編的《維摩關中疏》及僧惠威所給的《法花圓鏡》三卷等，共一百九十八卷，其中包括從全雅借來抄寫的《金剛界諸尊儀軌》數十卷，如《金剛頂蓮華部心念誦儀軌》一卷、《金剛頂瑜伽千手千眼觀自在菩薩修行儀軌》一卷，這些都是密教經典，同時接受全雅的金剛界傳法灌頂，又得胎藏金剛兩部大曼荼羅、諸尊檀樣、高僧眞影及佛舍利等二十一種。

同時，圓仁就宗叡學梵文，「有一高僧從上都（長安）來，號宗叡。深解悉曇，能通梵語。大師（圓仁）從之習梵書。」（《慈覺大師傳》），從宗叡「受學梵天悉曇，兼習梵漢之語。」（《入唐求法目錄》），此外，圓仁也時與揚州唐僧對談交往。

不得入天台，巡禮五台山

圓仁入唐最重要的目的是赴浙江天台山爲比叡諸僧解疑。但八三九年，他從唐朝朝廷得到的回應，是不准請益僧圓仁赴天台山，只許留學僧圓載赴天台山，圓仁只好將「圓澄疑問」、「義眞疑問」等，交給圓載，帶到天台山。圓仁最後決定留唐，繼續求法之行。他沿海航行到山東半島頂端的赤山，再到登州，而後由登州赴山西五台山，再由此到長安。

八四〇年四月，圓仁一行抵達河北曲陽縣黃山八會寺的上房普通院，這是爲巡禮五台山的人設立的。當圓仁看見五台山的威容時，他的第一印象是：「此清涼山（五台山），五月夜極寒，尋常著棉襖子。嶺上谷裡樹木，端長無一曲戾。入大聖境地時，見極賤之人，亦不敢作輕蔑之心。若逢驢畜，亦起疑心，恐是文殊化現。舉目所見，皆起文殊所化之想。聖靈之地，使人自然對境起崇重之心。」隨後住進大華嚴寺。

五月二十日開始巡禮，先到中台頂峰，近頂南側有三鐵塔，中塔方形，高僅一丈。兩側之塔，圓形，高皆八尺。三塔皆則天武后所建，以鎭五台山。塔北有四間堂，安置文殊師利菩薩等佛像，由此往北行一里半，即達頂峰。是日，又登西台頂，此處也有武后所建鐵塔一座，圓形，高五尺，四周風景與中台無異。從西台下行五六里，近谷底有文殊與維摩對談地。兩塊巨岩相對高聳，岩高各僅三丈，岩上平坦，可爲座，相傳是「文殊師利菩薩與維摩相見對談處」。巨岩前有六柱樓，南面置文殊菩薩騎雙獅像，東面放維摩像。次日，圓仁一行巡禮北台，台頂也有武后所建鐵塔與佛蹟。龍堂前有一僧「三年不飯，日唯一食，食泥土便爲齋。發願三年不下台頂。」中午飯後，巡禮東台。東台頂有三間堂，也安置文殊像，三間堂附近有三座與他台同形武后所建的鐵塔。

巡禮諸台後，回大華嚴寺。是夜起，圓仁開始全心全意抄寫日本所無的天台文書，共費三十七日，得三十七卷，圓仁在《入唐新求聖教目錄》開頭即指出，「在五台山，所求天台教跡及諸章疏傳等三十四部三十七卷，並台山土石等三種。」其中有聖德太子注疏的《勝鬘經義疏》、揚州法雲寺僧明空注釋的《勝鬘經疏義私抄》一卷及《文殊所說寶藏陀羅尼經》等。

七月，圓仁離開大華嚴寺，巡禮金閣寺與南台，登南台頂，頂上堂內安置白玉造文殊菩薩騎獅像。觀覽風景時，圓仁寫道：「入此山者，自然得起平等心。……山中設齋，不論僧俗男女大小，平等供養，不看其尊卑大小。在彼皆生文殊之想。」總之，圓仁五台山巡禮的最大收穫是文殊信仰的平等精神。

打探密教名僧，習得密法

五台山巡禮結束，圓仁即趕往長安。八月底，抵達長安，宿大興善寺西禪院，後寄住資聖寺。到長安後，他到處打聽密教傑出僧侶，得知青龍寺法潤和尚精於胎藏界法，該寺天竺僧寶月三藏雖不諳唐語，但精通密教；大興善寺的文悟阿闍梨精通金剛界法；青龍寺義眞和尚橫跨胎藏金剛兩部；大興善寺元政和尚精通金剛界法；大安國寺有元簡阿闍梨，精通金剛界法，兼解悉曇與畫，亦能寫梵字；玄法寺的法全和尚精通胎藏金剛蘇悉地三部。

取得這些資訊後，圓仁還進一步派人探查，最後選擇元政和尚，做爲最先接觸的人。圓仁致書元政，商借密教儀軌類文書，元政迅速答應，圓仁全力抄寫，隔日至大興善寺參見元政，始受金剛界大法，入灌頂道場，禮拜諸大曼荼羅，受灌頂。八四一年，元政授予金剛界大法結束，圓仁接受傳法灌頂，抄寫元政所藏新譯經與念誦法，經半年，已完成。元政說：「余所解金剛界大法悉付囑畢，其法門等，盡寫畢。若有不足，請別處尋覓。」

依圓仁《入唐新求聖教目錄》云：「在長安城所求經論章疏傳等四百二十三部五百五十九卷，胎藏金剛兩部大曼荼羅及諸尊曼荼羅並道具等二十一種。」其中明記抄自大興善寺翻經院本的是《佛母大孔雀明王經》三卷和《大寶廣博樓閣善住祕密陀羅尼經》三卷、《一雲輪請兩經》二卷三部，其他則不詳，為數可能不少。圓仁想去求法的第二個人選是青龍寺的義眞和尙。五月，接受義眞灌頂，又接受胎藏毗盧遮那經大法和蘇悉地大法，畫胎藏界曼荼羅與金剛界曼荼羅。

從元政與義眞受法後，即經由資聖寺提出回日本的請求。在未獲唐武宗敕許前，八四二年，圓仁從玄法寺法全受胎藏界大法，又從大安國寺元簡審決悉曇章，後來又從天竺寶月三藏學悉曇。十月。唐武宗會昌廢佛開始，次年愈發嚴厲，焚燒佛經，破壞佛像，逼迫僧侶還俗，甚至下令外國僧侶亦須還俗。

返日，開創天台宗的未來

八四五年五月，圓仁被迫還俗歸國。他逃至揚州，八四七年始由山東半島登州赤山浦，攜帶求得抄寫的佛典經籍等，啓航回日本。圓仁從八三八年抵達揚州，到八四七年回到日本，在中國足足十年，最後又遇到會昌廢佛，其艱辛可知。這過程都詳細載於《入唐求法巡禮行記》中。

八四七年回到日本後，他並沒有立刻趕赴京都，在九州北部大宰府待了大約半年，整理攜回的經典，做成目錄，並思考日本天台宗的未來走向。八四八年三月底，圓仁回京都上比叡山，禮拜先師最澄遺蹟，禮拜從唐帶回的諸尊曼荼羅，打開眞言儀軌觀覽，眾僧請求圓仁灌頂。

於是，圓仁修表奏請天皇爲國家修灌頂，翌年天皇敕許，獲授傳燈大法師位，補內供奉十禪師，在橫川建常行三昧堂，經常舉行常行三昧。常行三昧是智顗《摩訶止觀》所載的四種三昧之一，即不停繞行本尊阿彌陀佛九十日，口誦阿彌陀佛名號，心念阿彌陀佛。

八九四年，繼去秋畫胎藏界曼荼羅之後，復畫金剛界曼荼羅，並奏請修灌頂。五月，修灌頂，受三昧耶界者千餘人。八五一年，移入五台山的念佛三昧法，傳授諸弟子。《慈覺大師傳》載稱「始修常行三昧」，《叡岳要記》卻稱「始修彌陀念佛」。由此可知，常行三昧與智顗的常行三昧可能不同，乃指五台山的念佛三昧。然而，無論如何，日本的淨土教因緣而起。

致力密教經典注疏

八五一年，圓仁爲御前講師，著《金剛頂經疏》七卷；八五四年，圓仁六十一歲，被任命爲延曆寺天台座主，成爲統轄延曆寺的最高領導者。翌年，撰寫《蘇悉地經疏》七卷，與前述《金剛頂經疏》同爲圓仁的代表作。《金剛頂經疏》是唐不空三藏譯《金剛頂一切如來眞實攝大乘現證大教王經》（《金剛頂大教王經》）上中、二卷的注疏。《金剛頂大教王經》詳述速入佛菩薩境地的密教儀軌，下卷陳述灌頂阿闍梨軌範、諸尊祕密眞言印契之法。圓仁只注疏上中二卷，放棄第三卷。並強調說：「今演此密典，欲使諸迷之徒開心明。」

《蘇悉地經疏》是唐善無畏譯《蘇悉地羯羅經》三卷的注疏。此經陳述阿闍梨結相、持誦法、供養法、三種護摩之類的密教儀軌。圓仁說：「所言蘇悉地羯羅是三部（此二經與《大日經》合為眞言三大部）經王，諸尊核心，緒總眞言祕旨，該貫大教要妙。」又云：「諸部大教，非此經王，支分不備。眾尊祕法，非是眞典，未有妙術。」他還說道：「一句或一文，若契佛意，願資國主，弘通法界眾生。」指陳了圓仁的意旨。

八五六到八六三年，圓仁為天皇、太皇太后與貴族修灌頂，並授菩薩大戒。在這期間，於八六〇年完成主著之一的《顯揚大戒論》一部八卷，死後經弟子安惠刪定，而成十三編八卷。當時，天台宗依然常受南都佛教批判，圓仁撰述此書，即是對此批判之回應，就像最澄著《顯戒論》回應南都佛教界的批判一樣。論述方式是廣搜經論以證大乘戒的存在意義。換言之，是以經證經，圓仁的意見鮮少出現。

八六三年十月，圓仁罹熱病，似無恢復之兆。八六四年正月十四日黃昏，弟子一道來，在戒壇前突然聽到樂音自圓仁房間傳出，問他人都沒聽見，這是淨土教往生淨土相。圓仁指著南方，對枕邊弟子令祐說，有客人來，令祐未見，這是眾聖來迎的圖像。總之，十世紀中葉，淨土信仰已漸流行於世。入夜後，圓仁由佛堂移至弟子慈叡房間，口誦阿彌陀佛。至午夜，圓仁手結印契，口唱眞言，長眠，享年七十有一。八六六年，天皇賜諡「慈覺大師」。

註1：檀越：梵語dāna-pati，施與僧眾衣食，或出資舉行法會等之信眾，即施主。

註2：首都遷至京都以後，奈良被稱為南都，以日本佛教中心發展起來。

「市之聖」空也上人

（九〇三～九七二）

空也周遊日本，
從事救世濟民的事業；
初出家時隱居山林修行，
卻感覺不到內心的平靜，
後入市衢唱誦南無阿彌陀佛六字名號，
勸人常念南無阿彌陀佛，
被尊稱為「阿彌陀聖」或「市之聖」。

在日本佛教史上，一般認爲淨土信仰始於法然上人創立的淨土宗，其實，早於法然之前已有念佛的先行者，形成念佛法門，其中慈覺大師創建了「天台宗念佛法門」，廣泛地傳布整個日本，亦是匯聚淨土思想形成宗派的源頭。法然創立的淨土宗，乃藉由念佛號，直接受自彌陀的願力，認爲阿彌陀佛慈悲爲懷，發下願力欲將眾生救出穢土，往生淨土，眾生只需念聲佛號去接受這種願力就能藉此往生淨土，不用自己去引發，因爲願力已發到了眾生身邊。

將念佛之舉流行於市的一代大師

爲別於法然的淨土宗，日人將這些先行者的念佛行爲，稱爲淨土信仰；淨土信仰始於天台宗的圓仁，空也上人將此信仰加以推廣，之後由源信繼承，到法然更加深化，因而創立了淨土宗，成爲正式的宗派。

圓仁在比叡山創出所謂「朝題目夕念佛」的苦行。換言之，清晨口誦法華經題，傍晚念南無阿彌陀佛。在比叡山，這是四種三昧之一（註1），亦即在與世隔絕的「常行三昧堂」，優雅有致，合節奏念誦阿彌陀佛，幫助入定，體驗淨土。空也上人把這種離世的苦行推展到熱鬧的市衢上，而令念佛之舉流行於世；亦是繼慈覺大師之後將念佛法門推向極至的一代大師。

空也生於平安中期的西元九〇三年。有關他的出身並不清楚，既不知他是何人之子，也不知他家鄉何處，他自己也從來沒有提過。日本歷史上一說，根據空也所創的西光寺寺史記載，他是第六十代醍醐天皇的第五個兒子；另有一說，他是仁明天皇的皇子常康親王之子。當時即使出身皇家，只要不是出自藤原家之女，不僅無法在政界發揮才能，反而可能被捲入政治鬥爭。

此時，藤原家已逐漸以天皇外戚掌握政權，權勢日趨頂峰，更確立了攝關政治。所謂攝關，說穿了就跟中國的外戚宰相干政一樣，不過日本的攝關手段更高明，嫁進宮裡的皇后妃子多不勝數，唯攝關家（藤原家）的后妃所生的男子，始能爲皇室繼承人。平安末期，宮中政治混亂，爾虞我詐也不輸戰國時期。

巡行日本行善濟民

空也十六、七歲時以優婆塞身分，周遊日本，巡行京畿各地，鋪路架橋，收集被拋置原野的死屍火葬，並爲死者念經迴向。二十一歲，在尾張（今愛知縣）國分寺出家得度，隨後到諸國（當時，最高的地方行區域稱爲「國」）修行。他聽說，播磨國（今兵庫縣一帶）揖穗郡峰合寺收藏一切經，便到這寺院住了若干年，專心披閱一切經。若遇到經文有不懂的地方，晚上即有金人出現夢中教他；醒來問同儕智者此一不明之處，同儕所解竟與金人相同。

又聽說，阿波國（四國德島縣）和土佐國（四國高知縣）邊界的海上有一名叫湯島的小島。島上有觀音菩薩像，非常靈驗。空也想親眼看一看觀音菩薩眞身，乃渡海到湯島，苦修數月，卻不見有何靈驗。空也便在腕上燒香，不動不眠修行十七日，觀音像才發出微妙的光芒。可是，非要閉上眼睛，才看得見；一張開眼睛，就看不見。腕上燒香指的是燃身供養，據說也有人在自己手指上點火爲燈進行供養的，皆是一種表達決心的激烈方式。

九三八年，空也來到京都，以喧囂的四條十字路口爲據點，唱誦南無阿彌陀佛六字名號，也勸人唱誦。因此，空也被稱爲「阿彌陀聖」或「市之聖」；而他指導開挖的井，被稱爲「阿彌陀井」。總之，空也不在離世索居的寺院修行傳道，而選在喧囂的十字路口傳道。

離開山林，步入紅塵

有一段故事，表達了空也的這種選擇。

「市之聖」空也起初在山中寺院收了許多弟子，也深受敬愛。但是，山中的行住坐臥似乎不能讓空也心靜無波。一天，他突然獨語道：「唉，唉，怎麼這麼吵！」其實，弟子們並沒有很吵，聽見自己敬愛的師父這樣輕聲自語，乃反省道：「也許自己還有不成熟的地方，才讓師父不高興。」於是，事事更加謹愼，不希望讓師父覺得不高興。

可是，一天，空也沒有告訴任何人，突然消失不見。弟子們用盡各種辦法，到處尋找，找了好幾個月，始終找不到，只好放棄，大家各奔前程。其實，空也乃獨自到市衢，懸掛草蓆爲居，將用壞不堪使用的盆子放在所懸草蓆前，讓人放食餘殘飯，以之爲食，跟要飯的沒有什麼不同，所以弟子要找他也不容易找到。

一天，昔日弟子因事到市衢，從空也所懸草蓆前經過，不經意望了一眼蓆前的乞丐和尚，不禁大吃一驚：「這豈不是自己的師父？」他又驚又喜，連忙走過去問安：「師父，您不是說那寂靜的山裡很吵嗎？爲什麼會在這喧鬧不堪的市衢呢？我委實無法理解。」

「我在山中教養眾僧。因此，不能一刻放心。這也許會讓你覺得不可思議，其實，市衢反而更能讓我安息平靜。缽雖非完整無缺，卻處處都有可取代的物品，沒有什麼不足。而且，眼前開展的生命世界、各式各樣的行爲，都可以作爲我觀想的線索。若要追尋閑靜之地，沒有比這個地方更好的了。」空也答說。

弟子無語以對，擦乾流下的眼淚離去。

感化盜匪，隨行出家

相傳空也爲教化犯人，曾在獄門旁建一塔，塔中佛像，容顏燦然如滿月；廂房寶鐸，風吹會發出清涼的音色。犯人不知不覺中可以仰望佛像的容顏，可以聽聞寶鐸發出的法音，各個流淚歡喜。

又有一天，空也回時夜已深，突然有若干盜賊出現，包圍著他。

「你們知道我是沙門吧？」空也問，眾賊不爲所動。空也突然放聲大哭。

眾賊不禁驚住：「眞奇怪，你不是自稱沙門嗎？空無一物不是沙門所常言嗎？你爲什麼這樣珍惜身上物？難看極了！」

「你們今生生爲難以承受的人身，理應積善業，卻做了惡業。來世已經難逃此罪的果報了。一想到這裡，不由得爲你們而哭。」

眾賊聽了知道這個沙門就是著名的空也，乃落荒而逃。

第二天，六、七個剛落髮的男子到空也處，恭敬拜謁，落淚說道：「昨晚，見上人，深受教誨，回去後，徹夜難眠。因而深覺前非，一起出家。我們到此向上人致謝。」

影響僧團，遺芳後世

空也獲得市井小民歡迎後，對後來的教團僧侶也影響甚大；其中最顯著的例子是《往生要集》的作者惠心僧都源信。空也比源信大三十八歲。某日源信下山訪問空也，問他後生之事：「我深心祈望極樂，果能往生極樂嗎？」

「貧僧乃無智之人，怎能辨知此事！」空也回答，接著說：「若要細細思考智者所言，大概不能往生吧。有人想修六行觀以得上界之定，就會相信『下地粗、苦、障；上地掙、妙、離』，而厭下地之低劣，心懷上地之優美，於是藉其觀念之力，境界乃得循序漸進，終於抵達非想非非想之處。願極樂往生的行者亦然，即使沒有智慧德行，只要有厭穢土願淨土之志，怎會無法往生。」

源信聽畢，深受感動，遂合掌皈依上人。《往生要集》的第一原則是「厭離穢土、欣求淨土」，這也許跟這次對話有所關聯。

空也跟法然最不相同的是他並不「專修念佛」；他同時是一個虔誠的法華信徒。有一段故事，正可表現他的這種觀點。一年冬天，天氣正寒，化身爲人的松尾大明神冷得受不住，空也便把所穿小袖讓給大明神：「我貼身所穿的小袖，跟我起居坐臥四十多年，已沁染誦讀《法華經》的功德。沾滿了污垢，若不嫌棄，願獻奉給你。」

大明神得此小袖，答應今後必守護空也，再拜別而去。

這故事指出，空也不是專修念佛，也同時信奉法華，與天台宗的「朝題目夕念佛」一脈相承。九七二年九月一日，空也在西光寺（六波羅蜜寺）入滅，享年六十九歲。

註1：四種三昧即「常坐一行三昧」，九十日間坐禪信念諸佛；「常行佛立三昧」，專心念唱阿彌陀佛名號；「常行常坐三昧」，專心念《法華經》；「非行非坐三昧」，是以上三種三昧的綜合修行。

一生持誦《法華經》

性空上人

（九〇九～一〇〇七）

雖說紅塵好修行，
卻也有修行者隱身叢林，
不同於被尊為「市之聖」空也上人現身市衢傳道，
性空於書寫山結廬專誦《法華經》，
一生不離山林，
故被尊稱為「山之聖」。

日本平安中期，社會矛盾日深，末法時代的不安感逐漸播開，佛教界興起了一股淨土信仰熱潮，藉由念佛號，感受阿彌陀佛的願力，而往生淨土。這股熱潮由一群稱爲「聖」的佛教行者展開，其中獲得最多信徒的是被稱爲「市之聖」的空也上人。空也離開山林到市街傳法，與市井庶民親近交往，後來模仿者爲數甚眾。與空也相反，在攝津（今大阪一帶）箕面或播磨（今兵庫縣）書寫山等靠近市里的山岳地帶向民眾傳教，以推展淨土信仰的，則是被稱爲「山之聖」的性空上人。

自七世紀末飛鳥時代以來，日本信仰就有兩個系統，一是在市街傳道的都市佛教，如奈良時代的行基上人；一是在山岳修行的修驗道系統，性空上人便屬於此者。

從小具善根，十歲學法華

性空，西元九〇九年生於京都，姓橘名善行，另一名爲方用，父親乃宮廷要員橘善根，母親亦系出名門源氏。性空母親生了許多小孩，卻因難產，吃盡了苦頭。因此，懷性空時，乃求流產醫方，服黑蠶之毒，卻一點效果也沒有，反而順利生下性空。性空出生時，右手緊握，父母覺得不可思議，強將握拳打開，手上竟握著一根針。據云，握針乃指可出人頭地孝養父母。

性空幼時，即懂得護生、不殺生，在眾人之中靜默不多言、不喧鬧，喜歡在寂靜

平安時期：是指從桓武天皇延曆三年（七八四年）從奈良遷都長岡，十年後又遷都平安（京都），此時藤原氏專權，行攝關政治（外戚干政），至一一八五年源賴朝在鎌倉成立政所，進入鎌倉時代，結束長達四百年的平安時代。藤原氏讓自己的女兒嫁給了天皇，並讓其皇子成為下一個天皇，而自己在天皇還小的時候成為了攝政，而在天皇成人後，自己則成爲關白（輔佐天皇的大臣）來掌握政治。

地方獨處。從小便深信佛法，早有出家之意，父母卻不許；十歲，始獲許從師研習《法華經》；十七歲成年禮後，父死，同母親到九州日向國（今宮崎縣）；二十六歲，終如願出家，以比叡山延曆寺慈慧大師良源爲師，與留下名著《往生要集》的源信爲同學。

之後，性空回到九州，在日向國霧島山結庵，日夜誦讀《法華經》。當上人食物吃完，就有人在門下放三塊燒餅，吃了可以數日不餓，專心誦經。之後離開日向國，移居筑前國（今福岡縣）背振山，同樣專修誦讀《法華經》。

結廬書寫山，專修《法華經》

爲了教化眾生，性空後來移居播州（在兵庫縣）書寫山，蓋了小小的佛庵，日夜誦讀《法華》，先音讀，而後訓讀。讀經速度極快，當人讀四、五頁，他已輕鬆讀完一部。

對別人布施的物品，他都懷著感激之心對待，即使一粒米亦如佛舍利般奉持；即使一片布，亦珍視如佛所穿的法衣。他從來不發怒，鄰近地區不論老少、男女、道俗或貴賤，雲湧般群集，來皈依性空。性空生性溫厚慈悲，有情眾生平等，山野鳥獸群集而至，性空也毫不吝惜分食給牠們。

飛鳥時代：西元六世紀中，強勢的豪族在朝廷中開始互相鬥爭，最後由贊成信仰佛教的蘇我氏獨占了朝廷的政治；此時聖德太子代替了天皇來管理政治成爲了攝政（五九三年）。因爲聖德太子十分的信仰佛教，爲了宣揚佛教而在大和的斑鳩建了法隆寺，也派遣了使者到中國（五八一至六一八年，正值隋朝），也送留學生到中國學習其文化。這個時代的文化因爲是由大和的飛鳥和斑鳩等地爲中心而繁榮，所以也被稱爲「飛鳥文化」。

不久，性空被尊稱「書寫上人」，遠近皆知。日本三大隨筆之一的《徒然草》有段故事充分顯示書寫上人與物相親的心境：「書寫上人因誦《法華經》多年，已臻六根清淨之域。某次，在旅途中住小屋，竟聽焚豆殼煮豆之聲『咕咕』作響。那聲音彷彿是說：『你們是我親近之人，竟烹我，使我遭遇悲慘的命運，實在可恨。』被焚豆殼『啦啦』作響，聽來彷彿是說：『我難道喜歡如此？我被焚燒也無比痛苦，卻莫可奈何。最好別如此恨我！』」（註1）

當時，圓融天皇退位為法皇（剃髮為僧的太上皇）得重病，雖有高僧受命祈禱治病，皆無效。便有人奏稱：「書寫山有聖人，名性空，長年修持《法華》，世上已無一人功力能超過他，可召此人祈禱治病。」於是，圓融法皇挑選一武將，下令將性空帶來。武將領家臣奉敕使，牽著為上人準備的馬，奔向播磨國。

首日，一行人住宿攝津國梶原寺（在大阪府梶原村），夜半，武將突然醒來，想道：「書寫山的聖人是個道心深厚、持經之人，一旦拒絕，我能強迫他上馬帶到京城嗎？」想著想著，快要睡著時，老鼠在天花板上奔馳，好像有什麼東西，落到枕邊。拾起觀看，是一塊破紙片。仔細觀看，原來是佛經破損落下的。紙片上寫著《法華經》〈陀羅尼品〉中的一偈：「惱亂說法者，頭破作七分。」這紙片好像暗示了什麼，武將不禁毛骨聳然，但已受命非把性空帶回不可。次晨，他只好繼續朝書寫山行進。

法華行者，誠心感動佛

到書寫山時一看，性空的住處在溪水清澄的山谷間，共有三間茅屋。一間是白天的居所，修了地爐；下一間是臥房，環繞著草蓆；再下一間只掛普賢菩薩的畫，畫前右轉可以看見地板窪處。整體在在顯得清澄高貴。

性空見武將，問道：「有何見教？」

武將回道：「我是法皇的使者。法皇生病數月，做了各種祈禱，都沒有效果。只好煩請上人上京，若上人不答應，我將無法謁見法皇，讓人遭受這種際遇，也是一種罪過吧！」武將不由得哭了起來。

上人接續說道：「不要這麼說，上京謁見是一件很簡單的事。但是，我已經向佛發誓：永遠不離開此山。所以，我必須先向佛報告。」

上人言罷進入佛堂，武將怕他逃亡，乃暗中指示家臣包圍佛堂。

上人坐在佛像前，擊鉦大聲呼叫：「貧僧遭遇大魔障。十羅剎，快救我。」

性空激動地連木蓮子的念珠都碎散，額頭猛叩地板，快要破了，而且大聲哭泣。

看到上人表現如此，武將想道：「即使不帶上人回去覆旨，罪也不至於死，大概會被處流刑。若拚命將這聖人帶回去，對今世或來世都不好。算了，走吧！」

隨後，他集合家臣策馬離去。往坡道下行百多尺，即遇到法皇使節捧著給武將的信函走上來。信上說：「不用接上人上京，我在夢中見到不必召上人上京的指示，迅速回京。」

武將大喜，急速回京，將梶原寺所見一切，詳細報告法皇，與法皇所夢比對相符，不禁大為驚恐。此後，花山法皇曾經在九八六年和一〇〇二年兩次登書寫山探望性空。第二次，更帶了優秀的畫師延源，要他仔細觀察性空，暗中將他畫成畫像。

當延源暗中作畫，突然山響地搖，法皇訝異不已，性空說：「不用怕，這是因為畫性空形像才會發生地震，畫完還會發生更大的地震。」畫完像，果然發生更大的地震。法皇伏地禮拜聖人，而後離去。從此，法皇對性空的皈依更為堅深。

註1：吉田兼好著，李永熾譯，《徒然草》（台北：合志文化公司），頁五十三。

嚴拒媚俗的瘋僧

增賀聖人

（九一七～一〇〇三）

增賀聖人從小即一心求道，
十歲上比叡山拜慈慧為師，
雖然在在顯露才學，
仍不惑於世俗名利、不畏權貴，
裝瘋賣傻只求能靜心修行。

增賀聖人，西元九一七年生於京都名門之家。出生時，即有奇異的際遇。出生後數日，一家人於天未明啓程往關東（今東京一帶）。天色灰暗中，保母抱著增賀坐在馬背上。因保母整頓旅程物品，過度勞累，不由得在馬背上打起了盹，嬰兒從馬上落下，卻沒有人發覺。

行走數十丈遠，待保母醒來，才發現嬰兒不在；父母知道後傷心大哭，但也有了心理準備，心想：「這種時刻，路上已有許多旅人騎牛馬經過。出生不久的嬰兒掉落路上，必被踩死無疑。但無論如何，都必須找到兒子的遺骸，折回去找找看。」沿著路回頭找，想不到嬰兒竟平安無事。狹隘的泥路上有一塊凹下的石塊，他就躺在石凹中望著天空微笑玩耍，毫髮無傷。

當晚，父母做了奇怪的夢。泥地上有一個裝飾精美的寶床，床上舖了色澤微妙的天衣，上面坐了一個嬰兒。四個容姿端麗的天童站在床的四隅，合掌頌讚：「佛口所生子，是故我守護。」

父母因而知道這孩子並非凡人。

自小即顯露向佛道心

增賀到四歲才講話，但一開口就對父母說：「我要上比叡山讀《法華經》，習一乘道，繼聖人之跡。」說完就閉口不言。父母大驚：「奇怪，怎麼會說出這樣的話語，一定有惡鬼附身，擾亂了這孩子的心。」

父母憂慮不已，當晚，母親做了一個夢。夢中，母親正在餵奶，孩子突然長大，不旋踵長成三十多歲的僧侶，手上拿著經卷。旁邊卻站著一個尊貴的和尚說：

「不要訝異，這孩子因有宿世因緣，必在此世成聖。」

十歲，增賀上比叡山，拜慈慧爲師。慈慧又名良源，對淨土教的發展貢獻良多，世人稱爲元三大師，後來做了天台座主（比叡山延曆寺的住持）。增賀精讀《法華經》，接觸顯密二教，更熟識天台的止觀，終於成了卓傑的學問僧，在比叡山甚有名聲。慈慧也想把他留在自己身邊，增賀知道後，心想要一心求道，必須完全脫離此世的聲名利益。

但增賀的聲名已傳至皇宮，冷泉天皇有意聘他爲皇室的護持者。增賀甚感困擾：「這樣下去，勢必無法一心求道。只有離開此山，逃到著名的靈山多武峰，才能閉居山中，靜心修行，心嚮來世的極樂往生。」

增賀向恩師慈慧請假，不獲許諾。身邊眾僧也一再向他問學。他不知如何是好，最後想出裝瘋的方法。

裝瘋賣傻只爲靜心修行

比叡山有一個分食給僧侶的地方。通常，著名的僧侶都叫僕人去領飯食。增賀已是知名的學問僧，卻親自提著裝飯食的折櫃去領取，分食的僧侶覺得奇怪，想叫人幫他提去，增賀說：

「不，我自己帶走。」

他帶著食物，並不是回到自己的僧房，而是走到搬運工人行走的路上，跟工人坐在一起，折樹枝爲箸，吃了起來，還把食物分給工人，大家頗爲驚訝，以爲他瘋了。連日做出這些類似瘋子的行徑，與他親近的學問僧也遠離了他。

師慈慧知道此事，覺得留他在身邊已沒有意義。增賀終於離開比叡山，赴多武峰。

另有一則敘述增賀離開比叡山的故事。

增賀獨自一人到伊勢神宮參拜。當他一心拜神時，神在夢中顯了靈：「欲起道心，不能以吾身爲吾身。」增賀豁然從夢中醒來：「顯靈示現顯然是要我捨棄名利，有何不能捨棄！」於是，他脫下身穿的衣裳，送給乞丐，一絲不掛，踏上歸程。路上行人看了聚集在他身邊：

「可憐，一定精神失常了。看來是個相當了不起的人物，有什麼不對勁嗎？」

眾人爭相安慰，增賀毫不在意。沿途乞食，第四天終於抵達比叡山，回到慈慧身邊。同儕看到增賀的瘋子模樣，大爲騷動。師慈慧暗中把增賀叫到房間：

「我知道你已捨棄名利，怎麼做出這樣的舉止來！正正經經遠離名利吧！」

增賀當然聽不進去：「如果像您所說不留下絲毫痕跡，完全捨棄名利，像這個時候這個樣子最好。」

隨即大叫離去：

「啊，眞快樂，哈，眞快樂。」

慈慧走到門外，流淚目送增賀遠離。

不被世俗虛名所惑

增賀的裝瘋作傻不只在比叡山中，亦在宮廷中。

一條天皇的母后三條太后想出家爲尼，決定請名聲卓著的增賀爲執行受戒儀式的師父。增賀弟子知道這個訊息後，非常擔心，深怕厭惡名利的師父會大怒痛毆來使。

想不到增賀卻善待使者，答應道：「眞是太好了。我馬上到宮中替太后執行受戒儀式。」弟子們聽了都覺得不可思議。增賀抵達，太后非常高興，立刻召他入殿。天皇派使者來，公卿僧侶也群集而至，增賀目光嚴峻，態度風雅。

儀式如禮進行，增賀將太后長髮剪落，宮女看了不忍，低聲吟泣。

增賀突然大聲說道：「有這麼多僧侶，爲什麼獨召我增賀？難道是聽說我那個比別人大嗎？不錯，確實比別人大，但是很遺憾，現在卻柔軟如熟絹。」

在座的宮女、公卿、僧侶聽了莫不楞住。太后茫然自失，貴人失去尊貴，渾身不自在。增賀無視騷動，逕自離去。

師慈慧被任爲僧官大僧正。爲表示感謝之意，驅車至宮中晉見，從者甚眾，行列也頗爲壯觀。這時，增賀腰懸乾鮭爲劍，騎著瘦牛，闖入行列前端。威風端壯的隊伍被這奇異的闖入者搞得亂七八糟。隨從想把他趕走，他卻大聲叫喚：

「除了我之外，還有誰能做大僧正的先導！」

他的意思是說，在這媚俗的大僧正行列中只有像我這樣愚昧的裝扮最適合。這是對師父慈慧另一種形式的勸諫。慈慧聽了從車中回道：「這也是爲了利生（救眾生）。」

九六三年，增賀移居多武峰。多武峰有護國院妙樂寺，是藤原定慧爲父親藤原鎌足開設的寺院，本屬法相宗，增賀時改隸天台宗，成爲比叡山延曆寺的別院。增賀雖移居多武峰，但在山上依然不時爲名利所煩，便住在山麓下的村莊，培育了許多優秀的弟子。

八十多歲時，雖然過去很少生病，卻也難免老衰，生命終於到了臨終時期。

生命臨終，再現傳奇

死亡前十多天，增賀已預知死期將至，於是召集眾弟子告知此事。他毫無傷感與恐懼，反而面帶微笑，喜形於色。弟子則個個面帶憂愁。增賀對眾弟子說：

「各位，不必憂愁，應爲我高興。我長久期望的就是這個時刻。捨棄這迷而污穢的世界，往生西方極樂淨土，就在當前了。哈！沒有比這更可高興的了。」

言罷，講經說法，並讓弟子輪番講述，以判定其優劣。接著讓弟子們以往生極樂爲題作和歌，自己也作歌云：

「八旬老翁宛如波中海月，
邂遇難逢之骨，
歡喜無極。」

入滅之日降臨，增賀對自己極爲喜愛的外甥龍門聖人及在場弟子說：

「我今日將死，拿棋盤過來。」

弟子不知道其故，依言拿來棋盤。

「把我扶起來。」

弟子扶起他，他以微弱的聲音呼喚龍門聖人：

「你先下。」

龍門聖人此時心情甚悲，心想：

「到了這個時刻，不念佛，還下棋，一定瘋了。」

彼此下了十子，增賀說：

「行了，不必下了。」

「請您告訴我，爲什麼又不下了。」

「很久以前，我還是小法師的時候，看過別人快樂下棋。剛剛念佛時，突然想到這件事，才想下棋。」

過一會兒，又交代：

「扶我起來。」

大家把他扶起來，他說：

「找塊泥障（馬鞍上擋泥的皮革）拿來。」

眾人找來泥障。

「用繩子綁起來掛在我頸項上。」

眾人依命把泥障掛在頸上。增賀把手臂伸向左右，唱道：

「頸圍舊泥障而舞。」

重複唱了兩三次，然後說：

「行了，把它拿下來。」

龍門聖人又問他緣由，他說：

「我還很年輕的時候，隔壁僧房聚集了許多小法師，哄笑玩樂。不知何故，悄悄往觀，一個小法師頸掛泥障唱道：蝴蝶蝴蝶，圍著舊泥障而舞。一面唱一面舞，覺得很有趣，已經完全忘了，剛剛想起來，就試著看看。現在已經沒有什麼好掛心的了。」

說完，增賀要眾人退下，自己走入後房，坐在繩椅上，口誦《法華》，手結金剛合掌印，西向而坐，入滅，葬於多武峰。

普及和讚的「念佛上人」

千觀上人

（九一八～九八四）

聲聲阿彌陀佛，身處淨土，
千觀上人以另一種形式將淨土觀念深植民間，
就是以和讚將淨土觀念讓日本人能夠朗朗上口，
進而瞭解其深意，將念佛行深植於人心。

日本自第三代天台座主圓仁於仁壽元年（西元八五一年）開始推行常行三昧（念佛三昧）以後，「市之聖」空也於天慶元年（九三八年）在京都市街宣揚念佛行。其後，源信提出「厭離穢土、往生淨土」觀念；到鎌倉初期，法然倡導易行的專修念佛，創出淨土宗；再經親鸞的徹底化，將專修念佛往前推進，創出新的宗派——淨土眞宗。

有學者認爲在這系列的淨土教派發展中，應將與源信同時代的千觀列入。如果說源信是淨土教派的理論確立者，那麼，千觀以另一種形式將淨土觀念深植民間，亦即以日語的佛讚將淨土觀念讓日本人能夠朗朗上口，瞭解其深意。親鸞就將和讚（註1）運用到極致，將念佛行深植於人心。

父母求子，得子取名「千觀」

千觀內供，生於平安中期的延喜十八年（九一八年），父親是相模國（今神奈川縣一帶）國司橘敏貞，可說出身貴族之家。據說，敏貞夫婦膝下無子，乃向千手觀音求子。所求有了回應，一天晚上，敏貞的妻子在夢中得一枝蓮花，旋即懷孕，生下一子。父母爲感謝千手觀音，替孩子取名「千觀丸」；另有一說，他是上比叡山出家後，才取名千觀。

及長，千觀上比叡山出家，師事行譽法師，後入天台宗寺門派的據點園城寺，廣學顯密二教，成爲世上無雙的學僧，任「內供奉」，可出入宮廷。千觀亦曾受醍醐天皇之命，再興造愛宕念佛寺；愛宕念佛寺於平安時代初期曾因洪水而毀壞堂宇，以石造的一二〇〇座羅漢聞名於日本全國。

千觀雖道心深沉，但對如何處身，如何修行，並沒有定見，只漫然過著學僧的日常生活。但心中總有一些疑問，難以釋解。某日與空也上人見了面，也因此改變了他的一生。

空也點撥，避居山林

那天，朝廷召他參加法會。法會後，回程中，經過京都的四條河原，看到空也的身影，乃下車問道：「請問要如何，來世才能獲救？」

空也上人聽了一副無法瞭解的表情，以相當突兀的口吻回答：「哎呀！你說什麼，這種事不是該由我請教你這個當官的和尚嗎？像我這樣卑賤的人，不能分辨事理，糊裡糊塗過日子，怎會知道來世如何得救。」

說完就想前行，千觀拉住他的袖子，依然熱心尋問。空也上人只回道：「總而言之，非捨身不可。」丟下這句話，甩開千觀，快步離去。

千觀於是下了決定，當場脫下華麗的服飾，遣走了跟隨的人：「你們快回寺，我要到別處去。」便獨自一人逕赴箕面。

箕面指的是攝津國（今兵庫縣）的箕面山，自古就有許多隱遁之士住在那裡。當地有勝尾寺、瀧安寺等古刹，千觀卻定居於觀音院，過著念佛三昧的生活，並傾心著述，完成《法華三宗相對釋文》、《十願發心記》、《阿彌陀讚和讚本》、《可守禁八箇條事》等。

但他並非一直閉居於箕面山，還下山開創了金龍寺。關於金龍寺的開山，據云也有一段因緣。千觀離開箕面山，移往攝津安滿，結庵而居。但他並非一直待在庵裡，常到淀川渡口，作搬運工，免費替人搬運行李。

渡口，度人的起點

依當時人的觀念，到渡口工作，在佛教界亦有深意。渡口通常是人群匯集的地方，渡河本是一件煩人的事，有人幫忙，最感謝不過，自是傳教的好地方。而且，渡口是渡河的起點。「渡」與佛語「度」同，「度」指「渡」眾生從迷與苦的此岸到淨土的彼岸。河與海在佛教世界也象徵「苦海」，渡口是爲渡此岸到彼岸的人而設。隱遁之士喜歡渡口，本就含有「度眾生」的隱喻。

千觀天性善良，滿懷慈悲，不管遇到什麼事情，都很少發脾氣，甚至連不悅的表情也不會顯現，總是笑容滿面。鄉人知道他滿腹經綸，又懷著笑容從事搬運的粗重工作，對他都非常敬重仰慕，但平時相聚時間甚短。不久，仰慕千觀人品的人逐漸聚集於千觀居住的小庵。大家開始擬議將小庵改建爲堂皇的寺院，千觀固辭，但眾議已定，集資建了金龍寺。

千觀被認爲應與源信同列爲淨土教派，主要是因爲他跟源信同樣是最早的和讚撰寫人，對和讚的普及貢獻良多。千觀有《阿彌陀讚》，源信有《六時讚》。從此，和讚被認爲是教化民眾的重要手段，淨土眞宗的始祖親鸞就撰寫許多於今仍被視爲傑作的和讚，如《淨土和讚》、《高僧和讚》、《正像末淨土和讚》等。

永觀元年（九八三年）十二月，千觀去世，享年六十六。人們爲追思千觀遺德，替他造了像，像跟其人一樣，一直漾著笑容，人稱「笑佛」。

註1：日本佛教用語，以「和音」唱頌佛、菩薩、祖師或教法等之讚歌。迄於現代，陸續皆有作品推出，居日本佛教歌曲中之重要地位。

建立地獄極樂圖像

源信大師

（九四二～一〇一七）

十五歲即出家的源信，
只因母親的一句話：
「希望你遁世修道。」
便在四十歲時毅然進入橫川山谷專修淨土。
他的著作《往生要集》，
讓地獄道與極樂淨土的圖像鮮活呈現在大眾眼前，
此書對於日本的佛教、文化、文學、歌謠、繪畫等方面，
亦有鉅大影響。

十世紀平安末期，日本社會動亂的局面逐漸形成，不安的人心日益擴大，佛家所說的「末法」行將來臨，依當時的界定，西元一〇五二年，世界將進入「末法」時代。在末法將臨之際，厭離穢土往生淨土的願望因之而生，這是念佛之起。念佛由空也上人開其端，惠心僧都源信則以《往生要集》建立地獄極樂的念佛圖像，到鎌倉時代，法然上人終於創立了淨土宗，亦稱爲念佛宗。

惠心僧都源信生於九四二年，晚空也上人三十九年；大和國（今奈良縣南部）葛城下郡當麻村人。父親占部正親是一個沒有信仰的人，但爲人樸直；母親清原氏是虔誠信佛的善女，曾向郡裡高尾寺觀音祈請賜她子嗣。她夢見一個住持給她一個串珠，因而懷孕生下一子，這男嬰就是源信。

夙世因緣

源信跟其他孩子不一樣，幾乎沒有玩伴，也不跟其他孩子遊玩。每年到高尾寺齋戒三次。有一次，在高尾寺夢見堂中庫房有許多大小明暗不同的鏡子，一個和尚從中拿一面生鏽小鏡給他，他說：「這面生鏽小鏡要做什麼用？我要那放光的大鏡。」

和尚回道：「那不適合給你。你只適合有這面生鏽的小鏡。你就帶這鏡子到橫川把它磨亮吧！」

當時，源信並不知道橫川在哪裡。不過，橫川畢竟跟他有緣。天台宗延曆寺所在的比叡山有東塔、西塔、橫川三個中心。橫川由良源上人建了一座名叫首楞嚴院的寺院。以此寺爲中心，橫川教學成爲比叡山的學問中心。從平安到鎌倉時代，許多到比叡山修行的人都集中於橫川；之後的法然、親鸞、道元、日蓮等名僧都曾在此修行。

源信九歲上比叡山，十五歲出家，師事良源上人，學天台教學。在橫川，他全心向學，無論修行問道，都是群儕中最出色的人。一次，應朝廷之詔，參與佛法議論，獲得許多獎賞。他從中選出佳者送給母親，母親哭泣著寫一封信給他：「你送美好的東西給我，我當然高興。但是，我最大的願望不是要你以僧侶出人頭地，而是希望你遁世修道。」接到信，源信深受刺激，隨後斷絕一切俗緣，四十歲即入橫川山谷，修淨土之業。

《往生要集》巨著問世

橫川不僅是比叡山的教學中心，也是念佛的信仰中心。在比叡山，念佛之行始於圓仁。圓仁在橫川建立「常行三昧堂」，藉此鞏固念佛的信心。比叡山有云：「朝題目夕念佛」，題目是指《法華經》，晨修《法華》，傍晚念佛。

圓仁的「常行三昧堂」乃取自《摩訶止觀》的「常行三昧」。所謂「常行三昧」

是口念「南無阿彌陀佛」，心思如來圖像，而在阿彌陀如來四周繞行。口稱名，心念佛，行繞佛，三者合一，即是「常行三昧法」。

圓仁去世時，遺言除常行三昧法之外，應「不斷念佛」。「不斷念佛」具儀式性格，在一定的期間——八月十一日到十七日內，進行七日七夜的不斷念佛。這種儀式性念佛，而後一直持續下去，日人稱爲「山念佛」。這是構成源信撰寫《往生要集》的基礎。

促成源信撰寫《往生要集》的另一契機是末法思想。雖說末法始於一五〇二年，但這種觀念在十世紀已盛行。釋尊滅後，正法千年，像法千年，而後進入末法。正法時代，教行證俱在；像法時代，只有教行，而無得證者。末法時期，行證俱失，獨存教。換言之，末法時代，只有空洞的觀念，既無實踐觀念的行，也沒有可以證驗教與行的東西。只有教行證三者合一，個人才能得救，社會才能安定。因而在末法時期，如何修行證果，就是念佛的目標。

在末法來臨前，源信於九八五年完成《往生要集》。此書從一百六十多部經論引用了九百五十多條文章。全書共分十章，第一章「厭離穢土」，首寫地獄、餓鬼、畜生、阿修羅、人間、天人六道，尤重地獄道，鮮活寫出第一等活地獄到第八等無間地獄的恐怖世界。第二章「欣求淨土」，描繪積累念佛之行，可得大歡喜之果，這時阿彌陀佛會率眾菩薩與比丘，大放光明，來接迎至淨土。第三章「極樂證據」，列舉西方淨土的極樂證據。第四章「正修念佛」，主張應修禮拜、讚歎、作願、觀察、迴向五念門。第五章是「助念方法」，第六章「別時念佛」指的是「常行三昧」和「不斷念佛」。第八章以後，大抵指陳念佛的好處。

《往生要集》對日本文化影響甚大，文學方面如《源氏物語》、《榮華物語》，甚至和歌謠曲，繪畫方面如佛像、阿彌陀佛來迎圖、地獄變相圖等，都可看出它的影響。

往昔，有人問源信：

「和尚，您的智行舉世無雙；所修行法以何者爲最要？」

「以念佛爲要。」

「諸行中，以理爲首要。念佛時，您是否觀法身？」

「只稱名號。」

「爲何不觀理？」

「往生之業，稱名就夠了。原本只思想此事，所以不用觀法身。想觀法身，也不能說不好。觀法身時，心明而至清爽之境，往生之業不會受到妨害。」

這段對話多少呈現出與常行三昧的一些差異，與往後淨土的專修念佛相通。

由信入願，由願入行

長和年間，源信臥病，起居不便，依然正念不亂，念佛不懈；雖體力日衰，智力卻日增。一〇一七年正月中旬，各種痛苦皆消失，但須右側而臥，以其他姿態就不能入睡。右側而睡是釋尊睡覺時的姿態。釋尊右側在下，雙腳筆直重疊而睡；臉向西，頭朝北，稱爲「北枕」。人死時北枕，是仿釋尊臨終睡姿。源信面西而睡，可能是爲了迎接眾聖來迎。

六月二日，他已不能飲食。到五日，源信說：

「我做了一個夢，夢中出現一個和尚，旁邊的人問道：『你是誰？』和尚回道：『我是爲了讓你正念而來。』這是臨終的前兆吧！」

九日清晨，他將線綁在阿彌陀如來的手，自己拿著線的一端，口誦下面二偈，也讓人誦念：

清淨慈門剎塵數
俱生如來一妙相
一一諸相莫不然
故見者不厭足

面善圓淨如滿月
威光猶如千日月
聲如天鼓俱翅羅
故我頂禮彌陀佛

知道臨終將近，他把自己居住的地方掃除清潔，把穿髒的衣服洗乾淨。十日清晨，一如往常飲食，拔鼻毛，漱口，然後挽著綁在如來手上的線，一心念佛，宛如入睡。身旁侍候的徒眾，因爲源信太沉靜，以爲他正在休息，沒有在意。過了一陣子，仍無聲息，往觀，源信頭朝北臉向西，右腋在下，沉靜逝去。臉色美麗，看來宛如展露笑容。享年七十六。

惠心僧都源信往生後，他的一位徒弟爲師祈念數月，某日做一夢，夢中師徒有這樣的一段對話。

徒弟問：

「往生極樂否？」

師答：

「可以說已往生，也可以說未往生。」

「何以如此說？」

「只得稍微免苦，所以這麼說。」

「我不很懂師父的意思，眞的往生了嗎？」

「是的。」

「達成本來的意願，不是非常可喜嗎？」

「是的，最可歡喜。」

「既然可以往生，爲何剛才說『也可以說未往生』？」

「眾聖雲集環繞佛四周，我在最外圍，也就是說離佛最遠，所以說未往生。」

「我可以往生極樂淨土嗎？」

「不能往生。」

「我有何過錯，不能往生？」

「因爲你怠慢。」

「無論如何都不能往生嗎？」

「你雖怠慢，但有成佛的眞切願望，這樣非常好。譬如被關深牢之人，有智慧，就可以自力逃出。有無論如何都要成佛的願望，就是這樣，即使沉淪於生死，也可以出離。」

「如此，只要有成佛之願，就能往生極樂淨土嗎？」

「即使有願望，但無對此願望之行，往生仍是至難之事。」

「如果悔改往昔過錯，勤修淨土之業，可以完成往生之願嗎？」

惠心僧都源信停下思考，回道：

「畢竟困難。往生極樂，乃至難之事，所以我在極樂眾聖的最外側。」

徒弟聽了這席話，非常慚愧。

從這一段話，可以看出，信行比教學更重要。平安時代，源信從奈良時代的教學進入信仰，到末期，又從信仰進到行，終於進展到鎌倉時代的佛本願之行。

中世名僧

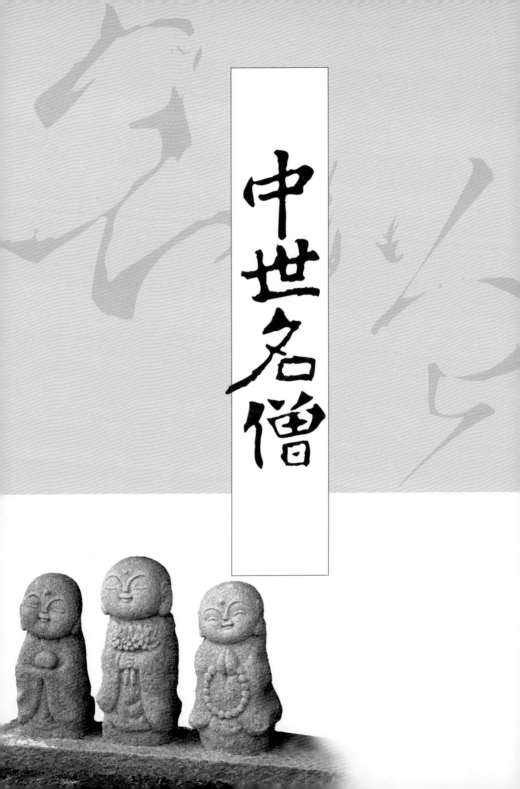

入道與漂泊

西行法師

（一一一八～一一九〇）

「莊周百年之榮猶如一夜之夢，
胡蝶之夢何樂之有？」
歌人西行出身名門，前程似錦，
正值青壯年華突然出家，
下定「出離」的決心，
不斷漂泊追求佛道。

在日本，西行是平安末期著名的歌人，出家後許多行誼亦為後人所稱頌；鎌倉中期，十三世紀中葉，無名氏將西行的一生行誼，參照民間傳聞撰成日本文學史上著名的《西行物語》，體裁採取類似歌物語的形式，也就是將西行的行誼與傳說配合和歌，寫成膾炙人口的故事。

西行出身平安時代的名門藤原北家，藤原北家又是藤原四家中最有實力的一支，十世紀之後常出任天皇的攝政關白。西行的先祖是藤原北家的分支，稱為魚名流，以武勇名於世。魚名流又分為四支系：佐藤氏、後藤氏、近藤氏和武藤氏，皆歷任中央與地方高官，並擁有自己的武士團。

西行屬佐藤家系，跟其他三支聞名於日本東北地方的家系不同，佐藤家居奈良南方的紀伊國（今和歌山縣），雖武勇，仍以積富任官聞名。因出於武勇之門，對武門的禮儀與武藝的故實相當熟識。西行亦承襲此一傳統，內大臣藤原賴長說他「以歷代之勇士出仕鳥羽法皇（天皇退位為上皇，上皇出家即為法皇）」；西行出家時，也將「（藤原）秀鄉朝臣以來八代嫡傳的兵法」加以燒毀。可見，西行原是武門之士。

世間如夢幻

西行原名佐藤義清，十五歲時出任朝廷舍人，十八歲為兵衛尉，循序以進，前程光明可期；二十一歲娶妻，育有一子一女，二十三歲突然決心出家，藤原賴長頗感意外謂：「家富年輕，心亦無愁，卻出家遁世。」自是以還，西行出家的原因便爲各方所探討追究。

《西行物語》認爲西行因感世事無常而出家入道。《物語》說，崇德天皇欲升任義清爲廷尉，義清固辭，心想：「莊周百年之榮猶如一夜之夢，胡蝶之夢何樂之有？」「坂上政佐不是夢見升官將墮地獄而不願升官嗎？」《大集經》有云：「妻子珍寶及王位，臨命終時不隨者，唯戒及施不放逸，今世後世爲伴侶。」龍樹菩薩也說，縱有財富，欲猶不止，亦可稱之爲「貧」；縱貧而心無欲，則可稱之爲「富」；書寫上人性空云：「屈肱爲枕，樂在其中。何必追求浮雲之榮耀！」

義清出家之心，更加堅定，然爲妻子骨肉所絆，煩惱不已。朋友的猝死讓他更覺世事無常，爲妻女羈絆，實爲不智。《西行物語》說，一天黃昏，義清與親近的佐藤憲康連袂退朝，到憲康住處的七條大宮，憲康要義清次晨相邀上朝。次晨，義清到大宮邀憲康，但見憲康家附近聚集了人群，探問之下，方知憲康昨晚就寢後即沒有醒來，就這樣死去。義清不禁想起一句漢詩：「朝有紅顏誇世路，夕成白骨朽郊原。」也作歌道：「但見世間如夢幻，我心猶未省悟此無常。」「欲平安度此世，昨日所見之人，今已不見，此世誠無常。」無常感深深沁入他的心中，但要如何捨下親密的妻子與年幼的可愛女兒？《西行物語》有一段故事描述他棄世斷情的決心。

下定「出離」決心

一天傍晚回家，四歲的可愛女兒跑到走廊迎接他，高興地說：「爸爸回來，眞高興。爲何這麼晚回來，是皇上不許早回嗎？」說著就拉住他的衣袖。義清心想：「過去不能出家，就是因爲這個女兒。第六天的魔王（六欲天）爲了阻礙世人成佛，才給世人妻與子，以攔阻世人出離之道。既明於此，爲何依然執迷不悟？此爲當前之敵，斷絕煩惱之契機。」乃心一橫，無情地把小女兒踢下走廊。女兒委屈哭泣，一家騷動，只有妻子知道義清的心意，不覺訝異。三年後，妻亦出家爲尼，結庵高野山下。

義清出家，法名「圓位」，通稱「西行」。西行出家的契機以上述「無常感」觸及了他的道心，讓他下定「出離」的決心。但另有一說，認爲「悲戀」強化了他的無常感。此說出於《源平盛衰記》卷八：西行出家乃源於「戀情」；他愛上一個「上﨟女房」（宮廷的高貴女官），雖曾相見結契，但今後恐難再見，乃覺「官位如春夜無常之夢，榮耀宛如秋月之西傾，乃遁有爲之世，而入無爲之道」。在日本傳統中，歌人大都如《伊勢物語》的在原業平，風雅知情，日本稱爲「好色」。西行是著名歌人，有一顆善感之心，也懂得風雅，可列入「好色」榜中。

西行有首和歌：「仰視雲居外，月影宿衣袖，衣袖當積淚。」這首和歌所說的「雲居」，在日本一般是指「宮中」或「宮廷」，月亮指宮中的高貴女人。西行思念宮中的高貴女人，心想那女人也正在思念飲泣。又有一首和歌：「面影停留月中，思念更珍惜，別離欲忘卻難忘。」高貴女人的面影宛如停留在月中，望月就像望那女人，想忘卻，別離卻如面影留於月中，永難忘卻。據云，歌中的別離是指幽會後次晨的分手。但與高貴女人只能結契一次，就難再見面，所以只能將她寄意於明月。

此宮廷高貴女人到底是何人？一般認爲是鳥羽天皇的皇后待賢門院璋子，她是權大納言藤原公實的女兒，自幼爲白河上皇所寵愛，後嫁鳥羽天皇爲后，生下崇德天皇。其實，崇德天皇乃她與白河上皇之子；她的男性關係非常複雜，具有神話地母（Great Mother）的女性魅力。但在政治上，自白河上皇去世，丈夫鳥羽天皇迎藤原長實之女得子入宮後，她的政治實力日益後退。在一度與她結契的西行看來，也是一種無常。待賢門院璋子比西行大十七歲，兩人結契，在觀念上似乎頗不可思議。

在日本古代或中世紀，宮廷中年長的女官常帶領冠禮後的幼君與自己發生性關係，以教導幼君性技巧。但這種關係只能一次，不能有第二次。璋子與西行只有一次性關係，也可以做如是觀，此即神話地母的原意。西行對此關係，永難忘卻，和歌中詠唱之「月」即有此寄意。璋子政治上的衰退加上自己多愁善感的無常觀，終於讓他拋棄一切，出家遁世。

定住漂泊一生

西行是歌人，不是學問僧，他出家後，一一四四年啓程到東北地方的奥羽，進行和歌與佛道的修行；一一四九年回京都，旋即至奈良南方的高野山。從此，來往京都高野間，約三十年。晚年，爲化緣修東大寺，再度出遊奥羽。一一六八年，爲撫慰被流放四國的崇德天皇之靈而赴四國。就西行入道後的一生觀之，也許可用「漂泊」一詞來形容。

《西行物語》一半以上的篇幅，都在描述西行漂泊求道與和歌修行的行跡。換言之，故事常夾雜著佛語與和歌，也有單述和歌者。西行的漂泊求道，也可以說是平安末期鎌倉時期眞言宗與淨土宗的慣行。高野山本是空海所創眞言宗的據點之一，爲了營建高野山寺院，出現了許多「高野聖」。換言之，眞言宗的「聖」稱爲高野聖，以化緣修廟爲主。另有「念佛聖」，乃屬淨土系統，以修行化解怨靈爲主。

據堀一郎《我國民間信仰史之研究》指出，所謂聖是指「咒驗行者、念佛行者，起塔、造像、寫經等修善行者，積累社會事業等菩薩行之修行者」。五來重在《高野聖》中，舉出隱遁性、苦行性、遊行性、世俗性、咒術性、集團性和勸進（化緣）性作爲聖的屬性。西行的修行漂泊帶有很深的「聖」性，例如他在許多和歌中勸人供佛修行或修墓奉佛，甚至到四國爲崇德天皇鎭靈。

除了聖性之外，貝崎德衛認爲西行是「定住漂泊」的典型。漂泊不是徬徨的現實狀態，而是靈魂不得安定的精神狀況。徬徨是爲日常性所逼的不安定，可稱爲「日常漂泊」；「定住漂泊」則是屹立於時代、不隨時代漂盪的求道漂泊精神。《西行物語》中所呈現的就是求佛道與歌道的漂泊者。就像「定住漂泊」的矛盾統合一樣，他的佛道觀也屬定住漂泊型，他的歌題有屬天台法華的，如詠《法華經》二十八品、詠無上菩提之心；也有屬淨土系統的，如詠地獄與淨土的「十樂」；更有詠本地垂跡者，如《西行物語》的詣伊勢神宮。總之，各教派都集於一身，眞言宗的冥思內觀和淨土信仰的祈求救贖混融爲一，也不覺得矛盾。對他來說，解脫之道是他定住之點；來往於各宗，則是靈魂的漂泊。「定住漂泊」是他的精神樣態。

妻女同入佛道

如前所述，西行也是勸人奉佛的念佛聖。在《西行物語》中，有一段敘述西行勸女兒出家修行的故事。西行從西國回京都，到友人家住一宵，談起往事，友人說：「你出家後，夫人不久也削髮爲尼，跟女兒住了一、兩年，就讓女兒做冷泉殿之局的養女，很受寵愛。過後夫人到高野山下的天野結庵修行，這七、八年已跟女兒不通音訊。最近，冷泉院殿想把親生女兒嫁給播磨權守藤原家明爲妻，要你女兒作上﨟女

房。你女兒說她只想奉神佛，更想知道父親的行止。」

次日，西行請友人約女兒見面。父女見面後，西行說：「妳幼小時，想好好教養妳，讓妳長大後到院（上皇御所）或內（宮廷）爲女房。出家後，我已無能爲力，但最讓我心思不寧的就是妳。無聊的入宮只會被人取笑，此世想來宛如夢幻，從年少到老衰不過刹那。只有爲尼與母同住，來世方能轉生於極樂淨土。我若往極樂，當來接妳。」女兒沉思一會，答應了。

女兒出家當天，西行過來迎接女兒，將女兒等身長髮分左右梳理，授予出家戒：「我在俗時，走世路，探地獄般住處，以出仕奉公爲驕，心爲妻子珍寶所奪，不能遠離火宅。花終將隨風而散，月出又入於雲。昨日所見之人，今日已逝，終究一切皆如風前之燈、閃電之影、夢幻之類；捨棄一切煩惱，得以出家而入浪流山林的修行之道，爲乞食頭陀之身，但依然是凡人之身，難忘汝事。今汝亦出家，我在現世的期望已得售。他人看來，妳雖是女人身，來世必爲佛弟子，當常保此經文：極重惡人無他方便，唯稱彌陀得生極樂。若有重業障，無生淨土因，乘彌陀願力，必生安樂國。莫忘此文，今後我們不會再見，我會在淨土等待。高野山是弘法大師空海入定時，彌勒慈尊下凡救世的佛土。高野山下有天野靈地，汝母在當地，可去同修佛道。」

女兒遵從父言，赴高野山下入母親庵堂同修佛道。西行先在京都北郊大原修行，後移東山邊雙林寺內結庵修道，迎接往生之來臨。他在庵堂旁植了兩棵櫻樹（後人稱爲西行櫻），一一九〇年二月十五日，正是櫻花盛開的季節，也是釋迦入涅槃之日，西行認爲往生之時已到，詠道：「願春死櫻花下，釋迦入滅日。」隨即向西端坐誦經文，詠道：「後人悼我，當奉佛櫻花。」依《西行物語》稱，西行往生時，「空中響起伎樂之音，異香遠薰，紫雲靉靆，阿彌陀三尊來迎。」享年七十三。

日本淨土宗始祖
法然上人
（一一三三～一二一二）

日本佛教史上，
一般認為淨土信仰始於法然上人創立的淨土宗。
法然上人從天台念佛獲得厭離穢土、往生淨土的觀想，
專修念佛，直接受自彌陀的願力，
只需念佛就能藉此往生淨土，
他亦是日本佛教界
第一個主張女人往生淨土說的大師。

法然上人，西元一一三三年生於美作國久米南條稻岡莊（今岡山縣久米郡久米南町裡方），幼名勢至丸。父親漆間時國是久米郡的押領使，率領國衙（當時最高的地方機構）士兵搜凶緝盜，約略等於當今的警備長官，也是當地的豪族。母親秦氏是外來的歸化人，以紡織爲家業，是當地名家。

當時日本正是莊園盛行之時，稻岡莊即是久米郡內的莊園，莊園的管理者叫預所，預所大都將莊園獻給中央貴族，以獲取「不輸不入」（不納稅、不准官吏進入）的權利。而押領使本有入莊園搜索罪犯的職權。在某種層面上，押領使和預所在職責上，經常有所衝突。當時，擔任稻岡莊預所的是源內武者定明。定明的父親定國是稻岡莊的開發領主，並將莊園獻給堀河天皇，也上京爲官，並跟權大納言藤原宗輔交往甚密。天皇去世，定國不久也因傷天皇之逝而亡。定國子定明無法在朝爲官，乃回稻岡莊。不知何故，定明與押領使漆間時國之間發生了衝突，一一四一年，定明黑夜率部屬攻打時國，時國受重傷。

遵父遺言，出家爲僧

時國受傷時，將年僅九歲（虛歲）的獨子勢至丸叫到枕邊說：

「你不要有會稽之恥，不要報仇，這是前世的宿業。若有遺恨，冤冤相報，不會有結束的一天。雖遺憾，但你可離家爲僧，爲我死後祈禱，也自求解脫。」

其實，父親也期望勢至丸將來能成爲一個武士的棟梁，所以勢至丸幼時即騎竹馬射小箭，習武術。但父親臨終時，卻要他忘恨莫報仇，其間緣由不得而知。法然上人後來敘述說，他不曾忘記父親遺言，甚至以父親遺言爲唯一絕對的教誨，乃決意到菩提寺觀覺底下爲僧。菩提寺在今岡山縣勝田郡奈義町高圓。住持觀覺據說是法然母親秦氏之弟。

在觀覺之下，勢至丸學習快速，頭腦極佳。觀覺認爲不應讓他腐朽於鄉間，乃遊說勢至丸母親，要勢至丸到自己曾從學的比叡山學習。一一四五年，十三歲的勢至丸離開故鄉美作國，到京都比叡山。

勢至丸至比叡山，依例先爲喝食，師事西塔北谷的持法房源光，爲時兩年。一一四七年剃髮，依源光安排，轉至一代碩學、東塔西谷的功德院皇圓門下，在戒壇院接受圓頓戒。勢至丸正式爲僧，乃取《菩提心論》中「心源空寂」之義，取名源空，房號是法然房，因此全名是法然房源空，通稱法然。

勤學道舉，教界棟梁

法然在觀覺底下接受基礎教育，在源光門下才開始接受正式的僧侶教育，由源光

比叡山：比叡山分爲東塔、西塔、橫川三區。東塔有南谷、北谷、東谷、西谷、無動寺谷五谷；西塔也有北谷、東谷、南谷、南尾、北尾五谷；橫川則有兜率谷、香芳谷、飯室谷、戒心谷、解脫谷、般若谷六谷，統稱爲三塔十六谷，每谷各有谷堂，作爲谷的中心，並建眾多坊舍，號稱有三千坊。

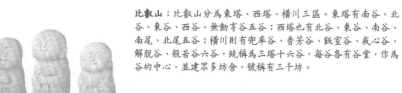

授以《四教義》，由皇圓授以《法華三大部》。《四教義》乃隋智顗所撰，共十二卷。四教義是指藏教、通教、別教與圓教，智顗認爲只有《法華經》是圓教，是至高之教，《四教義》是要成爲天台僧的基礎教學。皇圓則要法然先讀「天台三大部」、「六十卷」，再思進退。三大部是指智顗所著《法華玄義》、《法華文句》和《摩訶止觀》各十卷，湛然註釋三大部爲《法華玄義釋籤》、《法華文句記》和《摩訶止觀輔行傳弘決》，亦各十卷，兩者合稱爲「六十卷」。

法然「十六歲那年（一一四八年）春天，開始閱讀」，三年「讀完三大部」。也就是說，在一一五〇年九月往訪睿空時，已讀完三大部，算來應該只有兩年半。觀覺見法然聰慧，送他上比叡山，是希望他修學積行，成爲「一宗之長」（《法然聖人繪》）；皇圓則認爲「勤學道舉大業，爲圓宗之棟梁」，希望他最後成爲天台座主。（《行狀繪圖》第四）

一一五〇年，法然辭皇圓，往訪睿空，師事之。當時，睿空所在的黑谷是寂靜不受干擾的修行好場所，以別所（別墅）聞名。黑谷別所的領導人是睿空，被稱爲黑谷聖人。法然在黑谷的二十五三昧會的修行中認識了《往生要集》，給予極高評價。《往生要集》以極樂和地獄爲對比，詳述極樂淨土的情景及往生極樂的方法，並指出，現世是穢土，死後往生的是極樂淨土。爲了往生淨土，要專心稱頌阿彌陀佛的名號，在心中觀想阿彌陀佛及其淨土，認爲這是末法之世所留下的唯一之道。其實，這就是比

二十五三昧會：二十五三昧會於九八六年五月在比叡山橫川的首楞嚴院，由二十五位僧侶結成，為首的是源信（明惠）。這二十五位僧侶決定每月十五日聚會，合心聽聞法華經講義，或不斷念佛，以期往生極樂淨土。該會「發願文」指出，「吾等二十五人願修行往生淨土，彼此互為善友，直到最後臨終時，都互相激勵稱名念佛。若二十五中有一人生病，不論聚會是否吉日，都往病患住處，相談極樂淨土事。去世時，亦如往生極樂般，一心念佛。因此，每月十五日晚，修念佛三昧。祈臨終十念。」明惠的《往生要集》可以說是此一聚會的最佳呈現。

叡山端坐正思，心想阿彌陀佛的觀想念佛。睿空認爲這僅「理觀」，即在靜中觀眞理。

法然對觀想念佛似有疑慮，加上他已依最澄《山家學生式》在山修行十二年，因而想下山學南都淨土教。爲探問此行之可否，法然於一一五六年下山赴洛西（京都西邊）嵯峨，閉關於釋迦堂，時年二十四。

下山，尋求拯救世人之道

法然所要追求的是拯救所有人的佛道，但他觀遍比叡山所藏與淨土教相關的經論，都看不到拯救所有人的經文，他認爲這類經文可能存於南都。他閉關起願，終得靈夢，依夢示趨赴南都（今奈良）。奈良可能存有與天台淨土不同譜系的淨土教。南都中，法相宗的善珠及其弟子昌海、三論宗的智光、華嚴宗的審祥和智憬，都非常關心淨土教，承此譜系的是永觀與珍海。

永觀（一〇三三～一一一一年）是東大寺的權律師，依善導道綽之意，撰《往生拾因》，認爲專心念佛即可往生，爲此列十因與功德。「一心稱念阿彌陀佛，因廣大善根，必得永生。」而第十因則舉出阿彌陀佛成佛前的四十八誓願中的第十八願爲本願，第十八願大致說：「只要十方眾生至心信樂，欲生我國，只須十念，若十念不生，

我不願成佛。」也就是只要稱名十聲，皆可往生淨土。

之後，東大寺的三論碩德越洲珍海，於一一三九年撰《決定往生集》。珍海認爲，任何凡夫只要稱名念佛，依佛願力臨終時，可獲阿彌陀佛前來迎接，往生淨土，稱名乃「正中正因」。願往生淨土者，自力或定或散，而「在此身中定得成就」。定是指閉居一室，不受干擾，靜靜地與阿彌陀佛相對，念佛稱名，即得往生。念佛稱名時，若其間余緣散亂，其心不重，則業道不成，非眞十念僅相似之十念。相似之十念不能往生，只有定心之十念才是正定業的念佛。珍海的念佛觀與永觀雖無不同，但有定心的條件限制，爲後來的法然所不取。

法然從天台念佛獲得厭離穢土、往生淨土的觀想念佛，從南都念佛觀中，獲得「一心專念」的領悟，更從永觀著作中得知善導的著作《觀經疏》。法然從南都回比叡山後，開始披閱《觀經疏》，由此開啓了法然「專修念佛」之道。依《觀經疏》散善義之言，只要一心遵從阿彌陀佛的第十八願稱名念佛，百即百，任誰都可以往生；若有煩惱，就由著煩惱，若心亂，就任由心亂，照樣稱名念佛，阿彌陀佛依然會慈悲來迎。因散善義，法然由觀想走向稱名，於一一七五年創立了淨土宗。

法然以專修念佛者重新出發後，即離開比叡山黑谷，移居西山廣谷。他從師兄弟信空處知道游蓮房圓照住在廣谷。法然在《行狀繪圖》中說，接近淨土法門以及與游蓮房見面，這兩件事是他一生中最難忘的。與游蓮房見面，竟然與接近淨土法門等量齊觀，足見其重要性。在法然的淨土宗形成過程中，從源信和永觀獲得了宗教的理論基礎，可說是獲得「理證」（或文證），而游蓮房則給他「現證」（靈證），亦即給他向他人傳教的信心。

游蓮房圓照是一個不用經典與書籍「僅一向念佛」的專修念佛者。即使偶爾出門，也帶著畫有極樂淨土相的曼荼羅；休憩或住宿時，便將曼荼羅掛在房間西邊，誦讀源信的〈極樂淨土讚〉或念佛。法然曾聽圓照的侄兒信憲轉述圓照的說法：「高聲念佛可獲現德。依善導大師指示，在房間焚香，合掌，每日三時高聲念佛，常常可得靈證。」三時是指上午六點到下午六點，靈證或現證是指親眼看到阿彌陀佛和極樂淨土圖像。總之，圓照常得靈證，證實了法然內心的悟覺；圓照也因法然得到往生淨土的確信，兩人互動互信。

專修念佛，即生淨土

法然會游蓮房得現證後，決心離開寂靜的廣谷，移居熱鬧的東山，教化眾生。東山一帶是葬地，有許多寺院，參拜的人也很多。當時，源平之戰已開啓，平家由盛而衰，源家獲得最終勝利。平家亡後，源賴朝於一一九二年被任命爲征夷大將軍，在鎌倉建立幕府。源平之亂受創最重的是京都，戰火、飢饉、竊盜不時出現，幾達民不聊

生之境，不安是當時無論官民普遍存在的現象。

法然移居東山，講述念佛往生之道，名聲逐漸傳開，來訪日眾。淨土宗勢力逐漸開展，徒眾信眾日多，引起了南都北嶺既成教團的危機感，乃由大原別所的顯眞召集法然及光明山的明遍、東大寺勸進的俊乘房重源、嵯峨往生院的念佛房、天台宗的智海與證眞……等碩學及三百聽眾，到大原勝林院六丈堂，由法然講述專修念佛，他人提疑，此即所謂「大原問答」。

法然面對這些宗教碩學，先將佛法修行分爲聖道門與淨土門。聖道門指向悟，淨土門則指向救。他說：「聖道門之法理深利優，對此無話可說，但遍訪聖道門諸宗，似乎仍然無法脫離迷之世界，像吾這樣的愚者終究非聖道門之器，既不能悟，也不能成佛，不知如何是好，迷惑不已。只有依淨土門，才能脫離迷之世界。」問答爲時一日一夜，法然強調，對一般愚昧的庶眾，非專修念佛，則無得救之路，所以淨土門是唯一之道，但不是因此就全然捨棄聖道門。聖道門非常傑出，但對那些不能叩聖道門之人來說，淨土門是向一般庶眾開放的門戶，是救贖之道。大原問答是在法然的成功中閉了幕，但屬聖道門的既成教團並非因此就承認淨土門，時法然五十四歲。四年後，顯眞爲天台座主，法然也到南都東大寺大佛殿講述「淨土三部經」。

首位主張女人也可成佛說

法然在日本佛教界是第一個主張女人往生說的。佛教認爲女人有五障三從，縱使修法，也不能成佛往生，甚至不能進入靈界寺庭，法然認爲這些都不合理。阿彌陀佛的第十八願強調任何人只要稱名念佛，皆可往生淨土。這裡所說的任何人當然包括女人在內。阿彌陀佛的四十八願中，有特別的一願，即第三十五女人往生願，專述女人往生事。大意是說：「女人聞我名，歡喜信樂，興菩提心，壽終後，不能成爲男人身，仍爲女人身，我縱得正覺也不成佛。」其中仍含有男人成佛的含義。法然則承第十八願之意，解釋第三十五願，認爲男人女人都是人，沒有男人可往生、女人不能往生之理。既然惡人亦可往生，爲何女人向善念佛，不能成佛？其後，淨土眞宗始祖親鸞和曹洞宗始祖道元都主張女人可成佛說。

一一九四年，法然應太政官禪門外記中原師秀之請，說法五十天。這次說法除了「逆修說法」之外，最重要的是建立了淨土宗的傳燈法統。在大原問答時，他否定血脈相承的法統，而今則強調專修念佛也有傳燈譜系。他在「逆修說法」中表示，淨土宗也跟天台宗、眞言宗一樣有師資相承的血脈，而曇鸞、道綽、善導、懷感和少康爲淨土五祖。

宣揚念佛遭流放亦不悔

一一九八年，應信徒九條兼實（曾任關白職）之請，撰述淨土宗最重要的典籍《選擇本願念佛集》。所謂選擇，是指取捨，語出《大阿彌陀經》（即淨土三部經中的《無量壽經》），取捨的重點在於「取」（攝取），較富積極意。「本願」是指阿彌陀佛的本願，在四十八願中阿彌陀佛選第十八願稱名，因稱名爲善，爲清淨之行，所以諸行中選擇稱名。

法然說，八萬四千法門可分爲悟之道的聖道門和救之道的淨土門，就任何人皆可得救這個立場來說，當然以淨土門爲善，才選擇它。淨土門又分爲正行與雜行，正行與往生淨土有直接關係，雜行只有間接關係，因此選正行。正行有讀誦正行、觀察正行、禮拜正行、稱名正行、讚歎供養正行等五正行。五正行中，又以稱阿彌陀佛之名的稱名是任何人在任何地方都可修行的，所以稱爲正定業。正定業最符合阿彌陀佛本願。

另一方面，法然又設疑：「阿彌陀佛爲什麼以第十八願做爲捨諸行只取念佛往生淨土的本願？」法然認爲可以用勝劣義和難易義來解釋，以勝劣義來說，念佛勝而余行劣，因爲阿彌陀佛之名包含佛正覺的功德與救贖之力；余行則無。以難易論，「念佛易修，諸行難修」，因爲「念佛易故一切通，諸行難故諸機不通。爲使一切眾生平等往生，故捨難取易。」而且，眾生行住坐臥，日夜皆可稱彌陀名號。

法然的這些論述，有形無形由南都北嶺諸宗的多佛歸之於淨土宗的一佛。於是，既成教團群起攻之，不是請求朝廷禁止法然傳教，就是著述痛批，如明惠的《摧邪輪》等，加上朝廷女官加入淨土宗的鹿谷事件，朝廷終於下宣旨，處法然流刑，一二〇七年流配四國土佐，法然已七十五歲。一二一一年，獲赦，允許回京。一二一二年，一月二十五日，法然入滅，享年八十。

日本臨濟宗始祖 明庵榮西

（一一四一～一二一五）

榮西兩度赴中國學法，登天台山向臨濟虛庵禪師請教，並繼承其臨濟正宗的法脈，開創出日本的臨濟宗。由於早期習台密，依然重視密教，此外，他也很重視戒律，其著作《興禪護國論》，主張持律持戒，以之作為禪宗的根據。

日本在平安時代與鎌倉時代的交接時期，當時日人的感覺是已進入末法時期。爲因應此一時期，出現了許多新興佛教，有淨土宗的法然、淨土眞宗的親鸞、日蓮宗的日蓮和禪宗系統的榮西與道元。道元屬曹洞宗，榮西則是臨濟宗的開創者。

榮西於西元一一四一年四月生於備中吉備津宮（今岡山縣吉備郡高松町），幼名千壽丸，十一歲時，師事父親的友人吉備郡安養寺的靜心，靜心從學於三井寺的台密（天台密教——天台宗自圓仁座主之後，日益傾向密教）。十八歲時，靜心去世，依指示從師兄千命學。在比叡山得度受戒，師事有辨，取名榮西。

學密，葉上流之祖師

他在延曆寺待了前後四年，二十二歲時，因疫疾流行回鄉省親，訪伯耆（在今島取）的大山基好。榮西在《教時義勘文》中說，「生年十八，始入密教之門，至三十七歲，不敢有倦情。」由此可知，靜心、千命、有辨等都是密教之師；當時，大山僧侶超過三千，與比叡山齊名。

榮西也由基好承繼台密，一一九八年，基好更授榮西胎（藏）金（剛）兩部最深祕密法印。在這前後，榮西由顯意授台密灌頂。顯意和基好屬台密穴太流，但有些論者將榮西之後的密教稱爲葉上流，榮西也自稱葉上房。葉上乃源自《梵網經》所說千葉上的釋迦佛，《梵網經》是比叡山天台宗非常重要的經典。

又有一說，一一八五年，榮西奉鳥羽天皇敕令，在神泉苑祈雨，榮西影像投射於苑中的葉上露珠，天皇乃賜號葉上。後來，入宋時，因奉敕祈禱除疫，頗爲靈驗，特賜予「千光大法師」之號。

兩次入宋取經學法

在比叡山時期，他時覺佛經頗有訛謬，又有墜文不可得，乃有赴宋求經之念。一一六八年，榮西二十七歲時終於踏上了宋國國土，自四月到九月，約停留半年，只探訪阿育王山和天台山。在天台山偶遇重源，相伴回國，立刻上比叡山，獻《天台新章疏》六十卷給天台座主明雲，也喚起他對《大藏經》的關懷，在他居住的今津誓願寺擬定進口宋版《大藏經》的計畫。

第一次入宋，榮西對中國的禪宗已有所知。回國後，閱讀安然的《教時諍論》和圓珍的《教相同異》，更由傳教大師最澄的《內證佛法相承血脈譜》得知比叡山已有禪宗稟承，更激起了他第二次入宋的願望。但是，第二次入宋卻要等到二十年後。在第二次入宋之前的二十年間，他先以故鄉爲中心在備前（今岡山縣）、備後（今廣島縣）傳教，然後約十年住在太宰府的今津（在今福岡縣）。

一一七五年，在今津建誓願寺撰《誓願寺創建緣起》，三年後在該寺爲設一切經修盂蘭盆會，寫《法華經》、演講、撰〈今津誓願寺盂蘭盆一品經緣起〉。一一八五年，平家在壇浦一役敗亡，天下歸於源家。二年後，榮西四十七歲，自博多啓程赴宋。在天台山禪林寺參拜虛庵懷敞，傳臨濟宗風，受大小二戒，也在此打消了由宋赴天竺的計畫，而認爲有佛陀遺跡的天竺與有正法的中國，同一位階。

這次停留中國前後共五年，參與天台山堂塔的復興工作，回國時把天台山的菩提樹和茶種帶回日本。回國後，雖然展開了臨濟禪活動，但終其一生，都未脫離過密教；對他來說，密教和禪宗同等重要，他不曾離開密教，密教也不是禪的方便之門。佛教的中心在菩提心，他在《菩提心別記》中說：「我少年時學顯密之法，求菩提心，尋善知識，以究法門之要。」菩提心乃「顯密皆以地藏爲心源，內外皆以不動爲實際。」換言之，這是以《大日經》所說的地藏菩薩和不動明王的念持爲前提。

習禪卻不離密

第二次入宋前所寫的《出纏大綱》（一一七五年）敘述自己的佛教起點時就說：「佛之道不外天地自然之理。菩提不在遠，乃眞俗共據之道，若有人欲發菩提心，達於涅槃之境，則須知五智之本質。因此龍猛菩薩以木火金水土五行配春夏秋冬土五方，由金剛、寶、蓮華、羯磨、佛五部曼荼羅，示大圓鏡智、平等性智、妙觀察智、成所作智、法界體性智五智。這是從眞俗二諦談自然法爾的不可思議。」它的結構是：

春	東	木	發心	阿閃、普賢	大圓鏡智	金剛
夏	南	火	修行	寶生、虛空藏	平等性智	寶
秋	西	金	菩提	彌陀、文殊觀音	妙觀察智	蓮華
冬	北	水	涅槃	釋迦、彌勒	成所作智	羯磨
土用	中	土	四德和合	大日、般若	法界體性智	佛

這可以說是一種人間曼荼羅。由發心到涅槃、四德，最後由大日如來的自受法樂世界統合。他以大日如來爲心王，配眾生於心數，五方皆在我們心上。日本台密傳統的本覺法門立場，是我之外無佛、佛之外無我的自性法然說。

據《元亨釋書》記載，榮西第二次入宋時，在天台山禪林寺第一次見到虛庵懷敞的情形描述：

虛庵問：「聽說日本密教甚風行，能一語說出宗旨始終否？」

榮西答：「始發心時，即完成正覺，無捨迷而至涅槃。」

虛庵云：「汝所言，與我禪宗之旨相同。」

榮西從此盡心參禪。

榮西自虛庵傳授臨濟宗旨，將之稱爲扶律之禪，可見他的禪宗乃是以戒律爲初門。虛庵將黃龍之禪跟四分戒、菩薩戒一起傳給他。他認爲，日本佛教已日益墮落，戒律再興才能中興佛教。他甚至將中國禪宗《禪苑清規》的生活規範移植到日本，《出家大綱》和主著《興禪護國論》的禪宗支目門第八，都是榮西所構築的新興教團之清規。

榮西認爲出家之道有衣食與行儀兩種，行儀分行與儀，行是戒行，儀是律儀，前者又分爲比丘戒與菩薩戒，後者則分俗律與道律。他在陳述小乘的比丘戒與律儀時說：「不取其情，只取其戒」、「外學聲聞之威儀，內持菩薩之慈心」、「外以律儀防非，內以慈悲利他，此謂之禪宗，謂之佛法。」他將日常衣食住的生活細微末節都仔細加以規範，因爲戒無大小乘之分。這與最澄的大乘戒頗不相同。

他解釋菩薩戒說：「對衆生無愛憎之別，對佛法離大小乘之分，速行所當行，直學所當學，不爭是非，惟心掛菩薩之精神，而爲人天之福天，此即菩薩戒。」戒不在是非其大小，乃在行與不行。當時有人認爲傳教大師最澄的別授菩薩戒不正，榮西認爲「迷中的是非不論其是非皆非，夢中之有無不論其有無皆無」。若別授菩薩戒爲非，則是受戒行戒之人的問題，與是非它的人無關。

榮西不僅禪宗密教皆重視，而且重視戒律。回國後，即以今津誓願寺爲中心，展開傳教活動，同時建立許多寺院。在這些新設寺院中施行禪規，開始推行菩薩大戒的布薩行爲；一一九八年所建的安國山聖福寺（在今福岡市御供所町）被稱爲「扶桑最早的禪窟」，展現出榮西禪宗獨立的風貌。

當時九州博多出身的大日忍能自習禪，達於悟境，自覺沒有明師證明，不足爲憑，乃於一一八九年夏天，遣弟子二人入宋，將自己的見解呈給阿育王山的拙庵德光，獲得法衣、道號及附讚之達摩與拙庵頂相，做爲印可之證。之後在攝津水田（兵庫縣吹田市）建三寶寺，宣揚達摩宗，在京都甚爲流行；榮西在北九州的臨濟禪也日益風行，遂引起比叡山天台宗的反感，要求朝廷加以禁止。榮西乃於一一九八年完成主著《興禪護國論》，爲禪宗辯護，也宣示禪宗的獨立。

學佛先學戒，學律先習禪

《興禪護國論》共分十條，第一條「令法久住門」指出，佛制定戒，爲的是讓正法長存於世，學佛法的人要先學戒，學律的人必先習禪。第二條「鎮護國家門」指出《仁王般若經》說：「佛將般若附於國王，做爲鎮護國家之法。」換言之，國有持戒之人多得保久遠。般若是禪宗，興禪即守護國家。第三條「世人決疑門」乃就興禪一

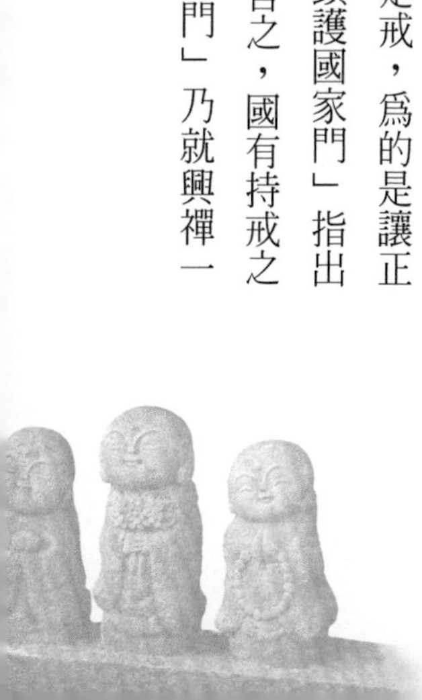

事，答覆世人之疑問與非難。第四條「古德誠證門」敘述禪宗傳入日本的歷史。第五條「宗派血脈門」敘述禪宗在印度與中國的傳統，同時談到自己傳黃龍宗正法的由來。

第六條「典據增信門」和第七條「大綱勸參門」引經論爲禪宗所主張的不立文字、教外別傳之說奠立基礎，並論其正法，勸人參禪。第八條「建立支目門」是根據《禪苑清規》所建立的日常生活的規範。第九條「大國說話門」敘述印度與中國的佛教現狀。第十條「迴向發願門」是後序。通篇都主張持律持戒，以之作爲禪宗的根據。

十條中以「世人決疑門」分量最多，旨在解世人之疑，例如對末法的解釋，他認爲末法才需要禪宗，同時也引《般若經》所云「佛滅後五百歲，於東北方行般若」，所謂東北方指的是日本，日本才是般若（禪宗）流行之地。在回答某人所問：「禪宗不立文字，不據經說，能得國王信任嗎？」榮西回答：「佛陀已預想到末世無法之時，才提出般若之法，故謗禪即破佛法，毀國土。」有人認爲禪乃諸宗通用之法，無需別立一宗。榮西回說：「禪宗，諸教之極理，佛法之總法也，無妨別立一宗。」爲此他引用最澄於八宗之外別立一宗的前例，更談及中國的傳統。

至於佛法和王法的關係，他主張「王佛一如」，他說：「佛法以持戒爲先，若破佛而號佛子，則如國王之臣不順王命而稱王臣。」榮西重戒律，戒律與王法相類，重戒律，當然也重王法，所以，他的禪宗跟達摩宗的重空見不同，也跟所謂「直指人心，見性成佛」的直指禪和教外別傳的祖師禪有所區隔。

他的禪與戒一樣，無大小乘之別，他引天台《止觀》的「破惡念依淨慧，淨慧依淨禪，淨禪依淨戒」說：「禪宗不必望長遠之果，不敢期後日之益。唯以戒爲方便，拔眼前毒箭，期即生之妙術。」又以禪通諸宗云：「八宗修行各有別，然悟與行必依禪。念佛之行若不依禪，則不能爲有序之修行。」

一心即般若，教禪一致

對榮西來說，佛教皆佛禪，教與禪皆假借之名，因教禪乃心之體，僅存於日常的行住坐臥中，不得添一絲一毫，也不能減一絲一毫。對此「一心」，他在《興禪護國論》卷首讚頌云：

「大哉吾心，天之高不可極，心卻至於天上。地之深不可測，心卻下至地底，日月光明不可越，心卻比日月明。大千沙界之廣不可窮，心卻擴及大千沙界之外。此太虛乎元氣乎？心包太虛含元氣。天覆我，地載我，日月以我爲中心運行，四時在我四周遊行，萬物爲我而發生。大哉吾心，吾不得已強稱爲心，或稱最上乘，稱第一義，稱般若實相菩提，稱楞嚴三昧，稱正法眼藏，亦稱涅槃妙心，故三轉法輪，八藏經，

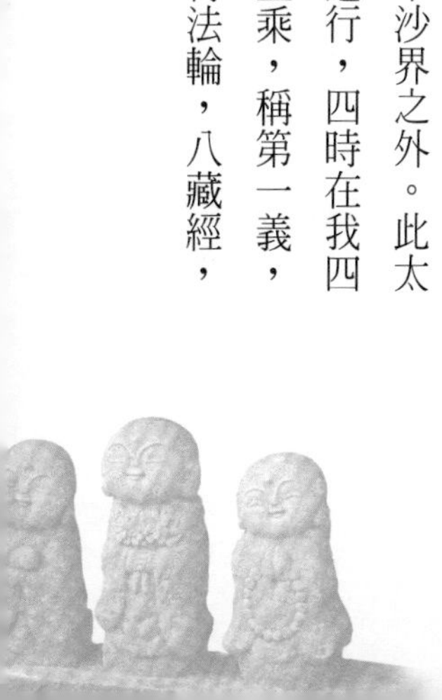

五乘宗旨，皆在此心中。……學禪者通達佛教諸宗，行之者深知人生之義。外生涅槃經戒律之精神，內完成般若經之智慧，此即禪宗也。」

榮西所說的一心即般若，也是教禪一致、諸宗綜合的觀點，「以悟爲則」的禪宗大概要等五十年或百年後才在日本出現。

《興禪護國論》完成後第二年，一一九九年啓程到鎌倉。榮西到鎌倉後，克服種種困難，教勢逐漸擴展，加上榮西密教禪宗同重，因而獲得許多密教信徒加入教團，例如當時以眞言宗僧侶得北條政子（將軍源賴朝夫人）皈依，而成幕府護持僧的退耕行勇等即投入榮西門下。到一二〇四年，榮西門徒在日本各地已有兩千人，加上徒孫已上萬人。

榮西自己以密教身分成爲幕府的祈禱師，一二〇〇年，由北條政子賜給源義朝（源賴朝父親）府邸的龜谷之地，開始興建壽福寺。新建的壽福寺以鎌倉幕府的祈禱所，成爲當地的佛教中心。不久，榮西接替跟榮西一起從宋回國的重源擔任奈良東大寺重建的勸進職（負責募款重建任務），在京都則負責修理法勝寺九重塔的任務。一二〇二年（建仁二年），第二代將軍賴家賜給京都五條以北、鴨河原以東的地方建立寺院。土御門天皇下旨，以年號建仁爲寺名，是日本最早官方認可的禪寺。建仁寺乃模擬印度的祇園精舍建立，跟以後模仿中國禪寺的建築頗不相同。建仁寺以天台別院，將眞言、止觀、禪門三者合於一，以表達三宗綜合之意。

日本茶道的源流

到鎌倉後的十五年，榮西常來往於鎌倉、京都之間，宣揚三宗合一的佛教。當年從中國帶回菩提樹，先種在福岡的香椎神社，後移植於奈良東大寺；茶種先植於佐賀背振山，後以京都的栂尾和宇治爲中心，向各方推廣。

一二一一年，七十一歲的榮西完成了《喫茶養生記》二卷，在養生上與密教的人間曼荼羅相配，目的是要掃除習禪勤行的障礙。虎關所編的《異制庭訓往來》說：「開山祖師（榮西）因習禪勤行之障以睡魔爲最強敵，爲對治降服之，乃植茶爲精進幢，傳華嚴之教，窮祕密之奧義。」從此，喫茶之風在日本日益風行，《喫茶養生記》也被認爲是日本茶道的源流。

一二一五年，榮西去世，享年七十五。

振興佛法傾注全力

文覺上人

（一一三九～一二〇三）

出身名門的文覺，
未出家前出仕武士，
卻因迷戀袈裟犯了大錯而誤殺了她。
為了贖罪斷髮出家，
在遊歷修行之後，
返回京都復興神護寺，
縱使被流放也在所不惜，
一心只為振興佛法。

文覺生於一一三九年，出自攝津國（今兵庫縣）名門，父親遠藤左近將監茂遠。文覺，俗名遠藤武者所盛遠，是出仕鳥羽天皇之公主上西門院的武士。文覺每天到北面武士的辦公廳上班，這類辦公廳當時稱爲武者所，所以他的姓名遠藤盛遠中間，掛了「武者所」三字。文覺出家前，就在武者所磨練劍術。

文覺出家有一段相當曲折的故事。他有一個姑姑住在奧州衣川（在日本東北地方），被稱爲「衣川殿」，衣川殿有位名叫「後間」的女兒，長得非常美麗，一般人摘取衣川的「衣」字，稱她爲「袈裟」。

錯殺愛人，出家贖罪

袈裟十四歲時，從眾多的求婚者中選源左衛門尉渡爲夫婿。十六歲，出席渡邊的供養橋大會。文覺也參加這次盛會，見到袈裟，驚爲天人，乃尾隨跟蹤，才發現是源渡之妻，就是那著名的袈裟。從此，日夜思念，終於熬不住，衝向姑姑衣川殿的府邸，揮刀欲殺姑姑。

衣川殿大驚，問其緣由，他說：

「幾年前曾向她要求娶袈裟爲妻，沒有得到答覆，讓他焦躁難安，因而想像蟬脫殼那樣，一死了之。姑姑是我仇敵，我要跟您一起就死。」

衣川殿聽他這麼一說，答應把袈裟喚回府邸，請饒她一命。袈裟接到通知，來到衣川府邸，聽了這段緣由，感到非到困惑，但母親的性命不能不救。當晚，與文覺結契。次晨，袈裟要文覺去殺丈夫源渡，並告訴他殺夫的方法。

文覺聽了非常高興，入夜後，依袈裟的方法潛入源渡的房間，砍下沉睡中的源渡首級。用布裹住，興高彩烈地回家。一回到家，僕人就奔走過來告訴他，不知什麼人砍了袈裟的頭。文覺覺得可疑，打開包巾一看，竟是袈裟的首級。文覺大叫一聲，昏了過去。

醒來後，文覺趨訪源渡，對他說：

「我把殺你妻的仇人帶來了。」

然後把袈裟的首級和自己的配刀遞給源渡，要他替妻子報仇。

但是，無論如何，源渡對已悔改的文覺下不了手，並對他說即使自殺也沒有什麼意義，不如把妻子袈裟視爲觀世音轉世，她下凡塵，是要我們起修佛之心，我們兩人何不一起弔亡者的來世。說完，源渡當場斷髮出家。文覺見了此景，向源渡拜了七拜，也同樣斷髮出家。姑姑衣川殿也出家，翌年往生。

文覺爲袈裟念佛三年。後來，他夢見袈裟坐在極樂淨土的蓮花，才終於放心，開始巡遊諸國修行，終於成了極其卓傑的僧侶。

採取激烈的修行方法

《平家物語》說，文覺十九歲出家，嘗試了種種粗暴的修行方式。七月到八月的酷暑中，沒有一絲風，他鑽入竹叢中仰躺七日，虻蚊蜂蟻及各類毒蟲，爬到身上咬刺，他依然凝止不動。

第八日，起身問人：

「出家修行是這樣嗎？」

對方嚇了一跳：

「這樣會死人啊！修行沒有這麼簡單。」

他想到熊野（在和歌山縣）進行沖那智瀑布的修行，但在舊曆十二月中旬，下了雪，瀑布成了冰柱，溪流無聲。文覺在冷風吹拂中從峰頂下到瀑布水潭，在潭水淹頸中露出頭部，口頌咒文。到第四、五天，整個人浮了起來，被水沖到五、六百公尺遠的下游，才被救起。用篝火暖身，把他救活。文覺卻大怒，對救他的人說：

「我立大願，要在那智瀑布沖打下，念咒文二十一日。到今天只有五天，誰把我帶到這裡！」

四周的人都毛骨聳然，說不出話來。文覺又進入瀑布水潭中繼續修行。

據云，在文覺奄奄一息中，不動明王的使者八童子救了他。他在夢中看見都率天的不動明王一直守護他，他再三禮拜，終於風暖水溫，成就了他持咒二十一日的大願。

一心復興神護寺

之後，在那智神社閉關千日，接著，在大峰山、葛城山、高野山、立山、白山、富士山、箱根山、戶隱山、羽黑山等日本諸山修行，諸山都與空海頗有淵源。也許是思念故鄉，他回到了京都，住在京都高雄山深山中。高雄山神護寺跟空海關係密切。此時神護寺已荒廢至極，文覺下定決心，要復興神護寺，時年三十。

文覺認爲，復興神護寺，和日本佛教的發展有密切關係，同時認爲佛法並非單獨存在，也與王法關係密切。就當時情況來說，王法是朝廷的權力，具體而言，則是指朝廷最有權力的後白河法皇。他說：

「佛法由王法推廣，王法由佛法保護。」

其實，這是當時貴族與僧侶的普遍想法。說得實際一點，沒有後白河法皇的支持，要復興神護寺是不可能的。

一一七三年，文覺拜訪後白河法皇，並不是應邀而去。當時後白河法皇邀自己屬意的貴族，詠歌、鳴琴、彈琵琶、舉行宴會。文覺硬闖入宴會廳的前庭，攤開化緣

簿，大聲要求捐獻復興神護寺。

後白河法皇立刻下令逐出，卻推不動他；舉刀砍他，他反而高興撲向刀鋒。最後，寡不敵眾，他還是被趕了出去，他痛斥說：

「即使是法皇，死後也會墜入地獄，被牛頭馬面責罵！」

法皇大怒，判他流刑，流放到伊豆。

十二年後，文覺完成〈四十五條起請文〉。文中說，他被逮捕送到流放地伊豆前的三十天裡，曾絕食向法皇抗議，但是他不恨法皇，反而祈求朝廷安定；流放伊豆後，也全心祈求法皇長壽萬歲。由此可知，他的怒不是針對個人，而是爲了佛法，希望法皇能爲佛法盡力。

在文覺流放伊豆之前，已有流人源賴朝在伊豆。文覺住在賴朝附近，兩人經常聊天話家常。有時，他會勸賴朝起兵討伐平清盛。賴朝猶疑，他就從懷中拿出白布包好的髑髏：

「這是令尊義朝爺的頭，平治之亂後，被斬首，埋在獄前苔蘚下，我從獄卒那裡要來，帶著他到各寺院念佛供養，我想他已往生極樂。我是爲你和令尊籌謀的。」聽說是父親的頭部，賴朝流淚不已。

這段故事，出於《平家物語》，雖屬小說家之言，但也道出了他對壓迫後白河法皇的平清盛強烈的不滿。

一一七八年，文覺獲許回京都，回神護寺。他再度訪後白河法皇，要求捐獻。去了幾次後，一一八二年，法皇終於答應捐莊園給神護寺。第二年，法皇依約捐伊豆國的莊園給神護寺。接下來的一年多時光裡，共捐出攝津、若狹、丹波、播磨等國的六所莊園。文覺從這些莊園獲得莫大收入，逐步修復神護寺、東寺、西寺、高野山、四天王寺等與空海有關的寺院。他強大的執行力，也獲得了極大的讚美。

藉助政治力復興佛法

一一八四年，源義經承賴朝之命攻入京都，掃除了木曾義仲在京都的勢力，也鞏固了賴朝在京都的優勢。賴朝爲感謝文覺勸他起兵，乃捐自己領地之一的丹波國宇都鄉給神護寺，文覺也逐步參與了中央政治。

一一八五年，壇浦海戰，平家滅亡，賴朝全力搜索平家餘黨，在京都大覺寺北邊逮捕了平清盛曾孫、平維盛之子六代。六代乳母求助於文覺，文覺向賴朝求情，六代因而獲得了赦免。平清盛乃文覺所恨的毀法者，卻爲其曾孫請命，似乎頗難理解。

一般認爲，文覺除了佛法之外，也同情弱者。就流人源賴朝來說，平清盛是強者，源賴朝是弱者。就六代來說，源家是強者，六代是弱者。以平清盛和後白河法皇而言，後白河法皇代表王法，平清盛壓迫法皇，意謂對王法的壓迫。王法與佛法互相

支援，對王法的壓迫即意謂對佛法的壓迫。

一一九二年，後白河法皇去世，源賴朝任征夷大將軍職後第七年，一一九九年去世。十年間，文覺失去了政界兩位強力的支持者。之後，文覺曾策畫推翻後鳥羽上皇，擁戴上皇之兄守貞親王，失敗後被流放到佐渡。

一二〇二年，文覺獲赦回京，一個月後，又被流放到對馬。後鳥羽上皇還沒收了神護寺的五所莊園，文覺的聲勢大爲下墜。一二〇三年七月二十一日，文覺逝於九州，享年六十五歲。

樹上坐禪

明惠上人

（一一七三～一二三二）

明惠視佛眼如母，
認釋迦為父，
對父母的思慕，
提昇到對佛的傾慕信仰。
他厭惡虛偽的信仰而傾心清純的信仰，
為此，常有激烈的表現，
如捨身割耳之類。

京都高山寺有一幅畫，畫一位和尚在松林中坐禪修行的情景，畫名叫〈樹上坐禪圖〉。畫的上方題辭云：

高山寺楞伽山中
繩床樹定心石
擬凡僧坐禪之影
寫愚形安禪堂壁
禪念沙門高辨

高辨是明惠上人的法名，高山寺的山擬爲釋迦遺跡，稱楞伽山。他常坐在山上的木石入定，那影像已掛在禪堂壁上。換言之，畫中人物就是明惠上人，畫者是明惠的弟子惠日坊成忍。

整幅畫看來有如明惠坐在母親的懷裡，甚至彷彿懷在母親肚子裡。大自然就是母親，在母親肚子裡孕育最爲安謐。畫中松林，線條強勁有力，氣氛卻那麼祥和。這幅畫在某種層面上，正表現了他對母親的終生思念。

畫中，明惠把念珠和香爐掛在身旁枝椏上，高跟木屐則放在坐禪的樹根邊，神態安詳入定。他常說：「我不求後世，亦不問現世當如何。」（《明惠上人遺訓》）他腦海裡沒有來世救贖與今世開悟的念頭，對立宗派或造佛寺也沒有興趣，做和尚有和尚的角色，他說：「僧有僧當爲者，俗有俗當爲者，帝王有帝王當爲者，臣下有臣下當爲

者。背此當爲，一切皆惡。」每個人都有自己的當爲本分。和尚有和尚的當爲本分，那就是自然而然修行。在松林中，自然而然將念珠、香爐掛在枝上，將木屐置於樹根，爬到枝椏上坐禪，任飛鳥、栗鼠在身邊自在漫遊，讓松籟揚起自然樂音。他在遺訓中說：「凡佛道修行無需任何具足。松風中醒來，以朗月爲友來去。」放下一切，就是修道的極致。

滿心蘊積佛道意識

吉田兼好《徒然草》中有一段談到明惠的逸聞，充分道出明惠滿心蘊積的佛道意識。一天，明惠路過某地，「聽一河中洗馬者頻呼：『足……足……』乃駐足問道：『啊，何等尊貴！必是宿執開發之人，故頻誦阿字阿字。何人之馬？想必尊貴無比。』回曰：『府生殿之馬。』明惠感動至極，拭淚道：『此亦美極！阿字本不生之謂也。今日結可喜之佛緣。』」這段逸聞雖由誤聽導出，卻也展現明惠的佛心。

「足」在日文，與「阿字」音略同，所以明惠將「足」聽成「阿字」，「阿」在佛教或婆羅門是指宇宙根源、絕對存在的梵音「唵」；「府生」聽成「不生」，因而把「阿字」和「不生」聯結起來，說出「阿字本不生」的感嘆語。連洗馬者都知道宇宙根源本就不生不滅的道理，道心深沉焉有不感動之理。修行者的本業就是要瞭解宇

宙的根源——不生不滅之理。明惠是華嚴宗系統兼修眞言宗之人，難怪會有此觀點。

一一七三年，明惠生於紀州（今和歌山縣）有田郡石垣庄吉原，與淨土眞宗始祖親鸞同年。父親平重國是平家成員之一，母親是紀州有田郡的豪族。明惠出生時，正值平清盛掌握朝廷大權的年代，也是武家取代貴族掌權的轉換時期。總之，明惠具有濃厚的武士血統，他也有此一意識。

母親懷他時，曾與妹妹共寢，一晚夢見有人給她橘子；她將夢告訴妹妹，妹妹說她也做了一個夢，夢中有人給她兩個大橘子，她拿給母親看，母親說這是給她的，便把橘子搶過去，之後就生下了他。明惠後來解夢說，兩個大橘是指華嚴宗和眞言宗，意指自己應修華嚴宗與眞言宗。

母親懷孕時，決定未來將明惠捨身給神護寺的藥師佛，因而他出生後取名藥師丸。明惠在父母寵愛中成長，四歲時，父親讓他試戴烏紗帽，不禁讚道：「形美，可當武士，進朝廷爲官。」明惠聽了，心想：「形美不能當法師，殘廢就可爲僧。」便故意從走廊墜落地面，卻平安無事；後又想用火箸燒臉，但因害怕，乃嘗試用火箸燒左腕，燙得哭了。明惠《傳記》載稱：「這是爲佛法捨身之始。」

然而好景不常，宛如《平家物語》所云：「盛者必衰。」平家到了頂峰時，開始走下坡。明惠八歲時，母親病逝；接著源賴朝起兵征討平家，平家一員的父親平重國陣亡。明惠剎時失去雙親，幸福的幼年結束，但對父母的思念，終生不忘；九歲時，叔父文覺接他入京都神護寺，爲文覺弟子習華嚴與眞言教學，明惠稱：「乃依父母遺命入山。」

明惠是多夢之人，十九歲開始把自己所作的夢一一記載下來，後人輯成書，是爲《夢記》，此書成爲精神分析學家研究日本人心性的重要資料。也有論者如白洲正子將之視爲修行的印記。

明惠在修行時，對經文有所懷疑，求教於碩學僧侶也不得要領，晚上夢中便有天竺僧出現，向他一一解說經文，以釋其疑，可以看出他修行向學之深。十二歲時，神護寺的學僧已無法滿足他的求知欲，他認爲再這樣修行下去，只是浪費時間，「何況生死速，難期未來；急求正知識，乃思入深山閉關修行」，有意逃離神護寺。但是在準備逃亡的黎明時分，他又作了一個夢，夢中出現許多大蛇、巨蜂出來阻擾，因而認爲時機尚未成熟，乃中途折返。夢也成爲他解疑的方法之一。

回歸母體，修佛眼法

明惠重視釋迦遺教，捨身也可以說是釋迦遺教之一。「十三歲時，心想，今已十三，老矣，近於死」（《傳記》），「同是死，莫若捨命爲眾生；既是人命，可捨身於狼」（《行狀》）。求知過程中的煩惱，讓當時才十三歲的明惠自覺已老；與其自然

死，莫若捨身給狼。一天晚上，他到三昧原墓場念佛餵狼，成群山犬來食被棄置身旁的屍體，但只嗅嗅明惠的身體便離去，「恐懼至極，見此情景，乃知縱欲捨身，然非定業，終自不死」（《傳記》）。遵照釋迦遺教捨身的經驗是一種死亡經驗，不死意指「再生」，再生爲宗教人——回歸母體，再生爲宗教人。從此到十九歲，明惠毫不間斷地向本尊藥師佛祈禱，「願永捨世間榮華，不爲名利所拘，必依文殊神威究佛法奧儀」（《傳記》）。

十六歲（一一八八年），明惠從文覺出家，在奈良東大寺戒壇院受具足戒，僧名成辨，後改高辨。在東大寺學佛一段時日後，他認爲學僧所說「皆非聖教本意」（《行狀》），只有親身體驗釋迦所行之路，別無修行之法。於是，明惠又回京都高雄，但這兒也沒有可以爲師之人，頓時陷入極端孤獨的情境。

在這危機感中，武士的血液在他的脈搏中跳動，「莫如執弓箭之輩而死，吾當爲法捨身」，又到墓場過一夜，但又平安度過。明惠沮喪至極，當晚夢中出現二狼要來吃自己，心想：「到此將我吃光吧！」二狼果然過來吃自己的身體，雖然非常痛苦，他依然忍耐著；二狼吃完，他也全身冒汗醒來，竟覺舒暢至極。（《行狀》）這是明惠修行之道獲得證實的舒暢。

明惠的修行之道說來很簡單，就是回歸釋迦。他認爲只要「信」，依信而行即可，「無信之智」無益佛法，「如果我生於天竺，我什麼事都不必做，只要在五竺巡禮

各地遺跡，讓心靈有餘裕如如來。」（《卻廢忘記》）經歷「捨身」等於「死亡經驗」，明惠回歸母體，開始以佛眼佛母爲本尊，修佛眼法。《行狀》說：「十九歲時，傳受金剛界，其後以佛眼爲本尊，恆修佛眼之法。」修行中，「多好相及夢想等種種不可思議之奇瑞。」

佛眼佛母在眞言宗胎藏界曼荼羅遍知院中央一切如來知印的北方，釋迦院中央釋迦牟尼佛的北方下列第一位。佛眼是將佛的眼睛人格化，也被認爲是一切諸佛之母。心理分析學家容格認爲眼睛是母親的子宮，瞳孔是從中生下的孩子；埃及神話中，進入眼睛的神會從瞳孔再生。日本心理分析學家河合隼雄認爲，佛眼佛母的眼睛具有此一意義。

明惠以佛眼爲本尊，是在被狼啃噬之後，回到母親胎內，並由此再生。經此過程，明惠超越了他個人的母親，邁向更偉大的母親，甚至是宇宙之母。換言之，佛眼佛母是他個人的母親，也是宇宙之母。

高山寺除了前述〈樹上坐禪圖〉之外，另有一幅〈佛眼佛母像〉。畫中，佛眼結跏趺坐於白蓮上，兩眼微笑，雙手當臍，身色明亮如月，以白爲基調，給人一種清純感；此外，光背之紅與白蓮之白形成對比，呈現美麗的調和。給人印象更深的是獅子冠，獅子張開血盆大口，令人生懼，與慈祥的佛眼組成威嚴與慈愛的對比。

明惠在〈佛眼佛母像〉題辭云：「哀愍我，生生世世，不暫離，南無母御前母御

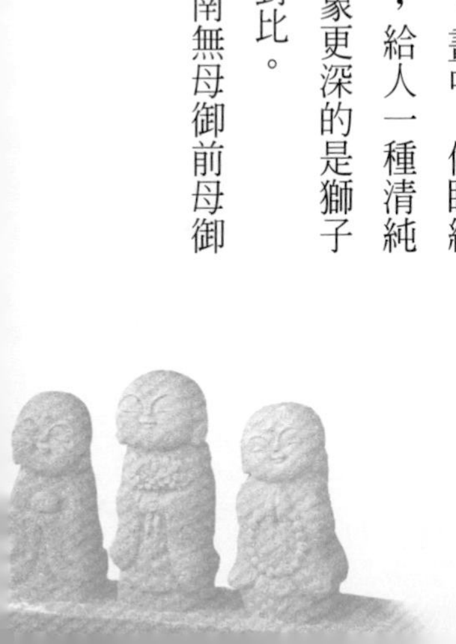

前。」（原文）「母御前」乃母親之尊稱；左側題辭謂：「南無母御前母御前，釋迦如來滅後遺法愛子成辨，紀州山中乞者敬白。」顯然，明惠把佛眼佛母稱爲母親，而且自認爲是釋迦之子。

往後夢中也一再出現佛眼。

一天晚上，天童出現夢中，要明惠坐上玉輿，他頻呼佛眼如來，彷佛自己就是佛眼，這是母子一體的願望表現。另一則夢，是明惠在一間荒廢的屋裡，往下看，有無數蛇和毒蟲。後來佛眼如來出現，抱著他離開險境，佛眼成了他的保護者。一天，明惠騎馬行險路，佛眼拉著韁繩前導，抱他在懷裡養育；佛眼給他信，信封上寫著「明惠房佛眼」。夢中情境，都顯示明惠的佛眼母親圖像。幼年失母的影像，可以說是他習佛修道的動力之一。

傾心清純的信仰

二十三歲，明惠離開京都神護寺，到母親的故鄉紀州，在栖原的白上峰結草庵，過著隱遁的生活。但是他看到四周的僧侶都在追逐世俗的享受，剃髮染衣本是要消除傲慢之心，僧侶們卻個個把頭剃得很美，僧衣做得華麗，完全喪失剃髮染衣之義，因而他想設法改變自己的形姿，離世確立向佛之志。

然而，刺眼則不能讀經，割鼻則鼻水會落下沾污經典；無手不能結印；割耳，依然可以聽經。明惠乃決心割耳，「堅志於佛眼如來之前，念誦之後，取剃刀割下右耳，血勢散落本尊及佛具等，其血未失本所。」（《傳記》）割耳當晚，夢中出現天竺僧向明惠說他是記錄者，會把明惠慕如來、爲佛捨身、割耳供養如來的事記錄下來。

次日，明惠含淚誦《華嚴經》，「眼上忽然發亮，舉目而觀，虛空浮現文殊師利菩薩，身呈金色，乘金獅而來。其長三尺許，光明赫奕，良久不失。」（《傳記》）自此，明惠對自己的信仰已有自信，乃離眾僧，獨誦經文進入自己的內在世界。

明惠二十九歲時，著《華嚴唯心儀》，對《華嚴經》〈如心偈〉的「心佛及眾生，是三無差別」的觀點有了新的感受，往昔只著意於內在世界的修爲而遠離世道，而今則由內轉向外，將內界與外界結合起來，形成內外如一。

這時，明惠傾慕釋迦之情愈深，曾兩度想赴天竺巡禮，探訪釋迦走過的足跡，但兩次都在夢中爲春日明神和住吉明神所阻。但他將釋迦視爲父親的影像極爲強烈，除前述「佛眼佛母像」題辭中將自己視爲釋迦愛子之外，他還寫信給神護寺的釋迦如來，信上稱釋迦爲「大聖慈父釋迦牟尼如來」。

明惠視佛眼如母，認釋迦爲父，對父母的思慕，把他提昇到對佛的傾慕信仰。他厭惡虛僞的信仰而傾心清純的信仰，爲此，他常有激烈的表現，如捨身割耳之類。一三二年，明惠入滅，享年六十。

日本淨土真宗始祖

親鸞上人

（一一七三～一二六二）

親鸞先隨天台座主慈圓出家，
後隨淨土宗法然一心念佛，深受法然器重，
後來因「承元法難」受連累而遭流放。
親鸞遭流放並被強迫改名，
故自嘲「愚禿親鸞」；
因「惡人正機說」變質，
信徒認為作惡愈多愈能接近彌陀本願，
親鸞派長子善鸞到關東收拾局面，
卻演變成與善鸞斷絕父子關係。

日本天台宗始祖最澄在《末法燈明記》中，將日本末法之始界定於西元一〇五二年。在現實中，平安時代已從貴族時代逐漸進入源平爭鬥的武士崛起之世。在佛法上，正像日趨沒落，末法當世，六道輪迴的苦難似乎已成眼前的事實。如何克服六道輪迴，已成爲當時人們關心的事象。淨土信仰逐漸風行，法然因緣於一一七五年創立了淨土宗。

出家爲僧，念佛不輟

在淨土宗創立的兩年前，淨土眞宗的始祖親鸞誕生了。親鸞生於京都南郊日野法界寺東邊的日野誕生院。父親日野有範，是平安時代的中級貴族，官至皇太后宮大進；親鸞下有四弟，後來五兄弟皆出家爲僧，家境貧窮，由此可知。一一八一年，親鸞虛歲九歲，拜青蓮寺住持、其後的天台座主慈圓爲師，出家爲僧。前一年以仁王與源賴政起兵，討伐當權者平清盛，敗死，是源平戰亂之始。是年，京都及日本各地大飢饉，爲時長達兩年，可說是末法之世的寫照。

師事慈圓，進比叡山延曆寺習佛，任常行三昧堂堂僧。常行三昧堂在比叡山橫川，是天台座主慈覺大師圓仁於八四七年從唐歸國後所創。依《般舟三昧經》所說，堂僧在道場內佛像四周念佛繞行九十天，即可見到十方諸佛到行者面前站立。親鸞時，念佛繞行時間，縮短爲三天或七天。他從九歲到二十九歲，就以常行三昧堂堂僧身分「不斷念佛」。所謂不斷念佛，是指閉居於常行三昧堂三天或七天，繞著阿彌陀如來行走，不停念佛，就可以接近悟覺的境域。親鸞這樣反覆行事了二十年，其耐力委實驚人。

一二〇一年，親鸞二十九歲，與釋迦出家同一年紀，突然離開比叡山，在京都六角堂閉關修行一百天。親鸞在六角堂閉關百日的原因有各種說法，可能和解決性欲方面的問題有所關聯。在夢中授偈親鸞的是六角堂本尊救世觀音，救世觀音允許他有性愛，有「妻帶」（婚姻生活）。如果親鸞有妻帶，救世觀音願意做他的妻子。他相信，六角堂的救世觀音就是聖德太子的化身，也是太子之母及妃的化身，這成了他後來娶妻的依據。

妻帶修行，視爲念佛助業

親鸞出關後並沒有回比叡山，反而奔赴法然上人所在黑谷的吉水禪房。雖面謁法然，但沒有當日投入法然門下，可能還有所保留。跟閉關六角堂百日一樣，百日間，風雨無阻，克服一切障礙，每天到吉水禪房，向法然問道請益，到百日，終於完全了然於心，而且完全皈依法然，《歎異抄》（弟子唯圓所記親鸞言行錄）中說：

「對親鸞來說，既得師言『唯念佛可獲彌陀所救』，只有相信一途。念佛是往生淨土的根源，還是墮入地獄的行爲，我也一無所知。縱使爲法然上人所騙，念佛而墮入地獄，也決不後悔。如果念佛之外的修行可以成佛，自己卻因念佛而墮入地獄，可能會有被騙的懊悔。但一個人終究不能樣樣皆修，要下地獄，我先下吧。」至此，情欲與僧侶妻帶問題獲得了解決，事實上，法然對僧侶娶妻也不反對，他說：「如果是聖而不能念佛，就妻帶念佛吧。如果因妻帶而不能念佛，就爲聖吧。」只要信仰，妻帶與否，並不重要，甚至視妻帶爲念佛的助業（《黑谷上人語燈錄》卷十五）。

親鸞則更進一步視之爲正業，他在大作《教行信證》中說：「末法之世，僧侶妻帶生子，世人應待之以正法時的聖者舍利弗、大目連。」親鸞娶惠信爲妻的時期有不同的說法，一說在京都時即已妻帶，一說流放到越後才娶惠信爲妻。眞宗僧侶之妻女一般都加上「尼」字，惠信稱惠信尼。

親鸞入門時，法然聲勢已鼎盛。親鸞隨法然修行，閱讀了剛從唐進口的淨土宗之類經典，如《樂邦文類》（樂邦乃指極樂淨土），此書連博聞強記的法然都未曾閱覽，親鸞卻先看了。

法然師徒的對話也頗精彩，《歎異抄》中載了一段對話逸聞。

「在信心方面，聖人（法然）的信心和我的信心絲毫沒有差異，唯一而已。」親鸞說出平日所思，前輩長老的弟子都異口同聲責備親鸞的發言：「不敬之至。聖人的信心和你的信心怎麼會一樣？」親鸞依然不畏縮，挺胸說道：「不錯，在深智博覽方面，認爲與聖人相同，是天大的錯誤，傲慢之至。但是，往生的信心，如聖人所教，並非自力，是來自阿彌陀如來本願祕藏的他力。這樣說來，聖人的信心和我的信心都是來自他力的作用，何處不同？」

於是，默默聽聞弟子對話的法然開口說話了：「誠如善信房（親鸞）所言。信心因人而異，是指自力的信心。若是自力的信心，則各人各有不同的能力，自然有所不同。吾門的他力信心並不是這樣，他力的信心是不論善惡凡夫皆由佛所賜的信心。法然的信心和善信房的信心不會變，都是一樣的。這在吾門最爲重要，每個人都要記得。」淨土門的信心不論善惡，凡人皆相同，都來自阿彌陀本願內含的攝理。信此攝理，專修念佛即可。

承元法難，牽連遭流放

親鸞的進境，深獲法然認可。一二〇九年，親鸞獲許抄寫法然撰述的《選擇本願念佛集》。此書是法然應前關白九條兼實之請爲專修念佛所撰述，在法然門下也只有少數人獲許書寫，親鸞得此殊榮，振奮至極。然而，卻在舊佛數中興起了禁止專修念佛的要求。

一二〇九年，比叡山延曆寺僧眾要求天台座主禁止專修念佛。法然撰《七條起請文》送給天台座主，表明專修念佛的立場，也表示不會攻擊天台、眞言等他教言說。遵從法然訓戒在《起請文》中署名的約一百九十多人，親鸞亦名列其中。一二〇六年年底，法然的門徒安樂與住蓮在京都鹿谷草庵舉行「別時念佛」會，安樂與住蓮以俊男美聲聞名，尤受女性信徒歡迎。當天與會者中有當時最高權力者後鳥羽上皇寵愛的伊賀局及數名女官參加，而後鳥羽上皇正到奈良南方的熊野參拜。伊賀局在鹿谷草庵度過一晚，數日後，傳出伊賀局利用法會與安樂、住蓮私通的流言。後鳥羽上皇未查明眞相即下令嚴懲專修念佛，安樂與住蓮死罪，法然流放土佐，若干高徒遭處流罪，親鸞亦在其中，史上稱爲「承元法難」（一二〇七年是承元元年）或稱「鹿谷事件」。

此一事件導致親鸞被迫還俗，改名藤井善信，流放至越後國（今新潟縣）國府。對這次被處流刑，親鸞心中蘊積著不平之氣。自己是僧侶，又被賜給與家名無關的藤井姓，因此在《歎異抄》末尾寫道：「親鸞改僧儀賜俗名，仍非僧非俗，然間，以禿字爲姓。……流罪以後，即署名愚禿親鸞。」

惡人也可得救贖

由此可知，禿是非僧非俗的自嘲語，禿字加上愚字，據研究，是指凡夫。親鸞認爲一般凡夫都是「煩惱具足的凡夫」、「罪惡深重的凡夫」，在某種意義上，也即是惡人。《歎異抄》中說，「善人可以往生，何況惡人」，此即所謂「惡人正機說」。一般倫理學，都稱善抑惡；在宗教學上，親鸞的「惡人」很像基督教原罪中的「罪人」。在親鸞時代，善爲善，惡爲惡，修佛得道即是善；不能修佛，只顧謀生者即爲惡。善人可以得救，惡人則不能。親鸞的「惡人正機說」，可說是當時宗教界的「哥白尼的轉換」。

《歎異抄》中說：「善人可以往生，何況惡人！世人常說，連惡人都可以往生，何況善人？此說雖有理，但違背本願他力的主旨。因爲自力作善的人，不用依恃他力，故非彌陀本願。但改變自力之心，依恃他力，則可往生眞實報土。彌陀憐憫煩惱具足的我們，不論如何修行，都不能遠離生死，故爲我們發本願。本願的本意是先要讓惡人成佛，依恃他力的惡人，才是往生的正因，因而才說，善人可以往生，何況惡人！」

親鸞在越後足足待了八年。在第五年的一二一一年十一月，法然獲赦，得回京都。同一天，親鸞也得赦，但他接到赦免狀時，越後已入嚴冬，爲大雪所封。接到赦免狀時，他便想即時啓程赴京見師，但爲雪所封，只能等待雪融。但過完年，親鸞接到法然的訃聞，便放棄赴京的打算，反而繼承法然遺志，待在越後勸田夫野人念佛，似乎頗有成效。因而，不久，又再遭遇到越後既成宗教的施壓排斥。

一二一四年，親鸞與妻惠信尼、三個孩子，舉家離開越後，經信濃、上野、武

藏、下總諸國，到了常陸國（今茨城縣）。途中，曾暫居上野國邑樂郡佐貫莊，據惠信尼說，親鸞準備誦淨土三部經（《無量壽經》、《觀無量壽經》、《阿彌陀經》）千遍，但僅四、五天，就急忙收拾行李赴常陸。這種行徑引起了許多解釋，有一說，誦經千遍，只是自力的表現，依他力本願來說，只不過是助業，而非正業。若只關心誦讀千遍這類自力，反而更突顯了信的不徹底，因而當場放棄誦經之舉，正顯示標舉金剛之信的念佛者親鸞誕生了。

積極傳教，攝服敵人

親鸞一家人抵達常陸，在笠間郡稻田鄉（今笠間市）西念寺附近，結草庵而居。在常陸，親鸞除了傳教之外，也完成了一生的大作《教行信證》，本名叫《顯淨土眞實教行證文類》，從各種經典、論釋引用可爲證據的文句，以說明念佛門的正確，共分教卷、行卷、信卷、證卷、眞佛土卷、化身土卷等六卷。

著述外，親鸞也積極傳教。當時，關東地區雖然有許多念佛信徒，但山伏（山中的修行者）、修驗道（山岳信仰，居於山林中的修行者）的勢力更大。他們都藉祈禱爲村人求現世利益與來世幸福，對親鸞的來臨，都懷著極大敵意。

常陸國有一個名叫明法房辨圓的山伏，對親鸞的傳教懷著強烈的敵意，常埋伏板敷山，意圖殺害親鸞。可是，每有機會，都受到阻礙，因而決定衝向親鸞草庵，等親鸞出來，就加以砍殺。但是，不知爲何，與親鸞對看，辨圓的敵意就降低，反而湧起敬畏之念，折弓箭，投刀杖於地，請求親鸞許他入門。

這段故事象徵性地指出，親鸞的傳教相當成功，聲勢也從常陸擴大到下野、下總一帶（琦玉、千葉二縣）。其法大致是，弟子由親鸞「面授口訣」，然後回家，以家爲道場，召集眾多信徒。信者不必爲僧，以在家主義爲主。據說，親鸞在世時，弟子七十人，門徒上萬。

一二三四年，親鸞一家離開常陸稻田草庵，一二三五年初夏抵達故鄉京都，離開時三十五，回來時年已六十三。在京都，他已不傳教，只以書信指導各地門徒。關東信眾爲解疑難，仍以「面授口訣」的方式從關東到京都，面謁請教。雖然如此，關東許多信徒仍誤解親鸞的「惡人正機說」，認爲作惡愈多愈能接近彌陀本願，因而不僅在佛前舉行魚食酒宴，甚至不懼人眼，逕行男女情事。道場主也拚命擴大地盤，形成爭鬥之舉。

維護教義，親鸞父子義絕

教義上，也分成異義派與正信派，異義派曲解「惡人正機說」，認爲行惡不礙他

力本願；正信派則忠於親鸞教義。異義派甚至向鎌倉幕府控告正信派，教義的分歧和道場的紛爭已到了不可收拾的地步。一二五三年前後，親鸞派長子善鸞到關東，傳述自己的教義，以收拾局面。當時，親鸞已八十，善鸞四十幾歲。但善鸞到關東，不僅沒有傳述親鸞教義，反與異義派結合，擴大自己的勢力，親鸞教義面臨崩盤的局面。關東有力的道場主和門徒乃到京都，向親鸞陳述此事。一二五六年，親鸞遂向全國信徒發了一封信函，表示與善鸞斷絕父子關係，此即「善鸞義絕事件」。

大約在善鸞事件後，親鸞已八十五歲，說出了「現生往生」說。在《末燈鈔》中，親鸞說：「眞實信心之行人不會等待臨終，不會期望來迎。信心定，往生亦定。不待來迎儀式。」意思是說，相信彌陀本願，在他力信念中一心念佛的人，已具備活在現世的力量，現世的往生也同時開始。不是開始，是在這刹那間往生已定，人以煩惱具足的凡夫化爲與佛相同的存在，來迎的儀式自然不需要。親鸞也把「現生往生」稱爲「現生不退轉位」，達此境域的人稱爲「現生正定聚」，這是淨土眞宗的精義所在。

一二六二年十一月冬，親鸞生病，病勢隨天氣的嚴寒日趨惡化。他知道來日無多，但已悟往生之信，他平靜地接受死亡的來臨，唯一擔心的是照顧自己的么女覺信尼母子的生活；乃寫信給關東門徒，要他們照顧覺信尼母子。十六天後，一二六二年十一月二十八日，親鸞在親弟尋有僧都的住家去世，享年九十。翌日，遺體於東山延仁寺荼毘，葬於大谷。

尋訪正師立正法

道元禪師

（一二〇〇～一二五三）

被譽為日本曹洞宗始祖的道元禪師，
雖出身名門卻了悟無常，
為求正師來到中國，
聽聞如淨禪師的「身心脫落」終開悟。
帶著坐禪的觀念回到日本，
成為「只管打坐」的新禪風，
革新當時日本佛教的一些陋習，
被尊為日本佛教史上最傑出的出家人之一。

道元禪師，西元一二〇〇年生於京都，當時處於源平之戰到鎌倉初期的亂世。一般認為，他是日本史上最具獨創性的思想家，也是創立日本曹洞宗的宗教家。他不滿日本當時宗教界的腐化，為求正師，親赴中國探尋。

出身名門，無心戀棧

道元出身名門，父親源通親（久我通親）是當時最通權謀之人，本是朝廷的中等官僚，卻與當時朝廷最具實力的九條關白（註1）兼實對抗。兼實得鎌倉幕府將軍源賴朝支持，掌朝廷大權，但因賴朝想將長女大姬送入宮中，未獲兼實支援，彼此有了嫌隙。通親見機與另一實力者後白河上皇的寵妃丹後局聯合，發動政變，推翻九條兼實，掌握朝廷大權。

道元的母親是松殿基房的三女伊子，一生皆受政治擺弄。松殿基房乃前述九條兼實的兄長，長期擔任關白之職，因得罪權傾一時的平清盛，左遷九州大宰權帥，失意至極。後白河上皇令木曾義仲入京攻打平氏，平氏敗離京都。基房為討好義仲，將三女伊子送給義仲為側室。以義仲為後援，改造朝廷成功，讓己子師家為內大臣攝政。義仲為源義經（源賴朝弟）敗死，京都遂為源氏所控，九條兼實獲源氏支持，掌朝廷實權，基房再度失意。待源通親發動政變，推翻兼實，基房又將伊子送給通親為側室，生下了道元。道元出生時，通親已近五十，伊子三十出頭。

三歲時，父親源通親去世，母子相依爲命，也因母親的一嫁再嫁，受盡世人嘲弄，在道元八歲時鬱鬱而逝。據室町中期所著的道元傳記《建撕記》稱，道元幼時聰慧，四歲讀畢唐詩人李嶠的《漢詩百詠》，七歲讀《左傳》、《詩經》，九歲讀完佛典《俱舍論》。因其聰慧好學，家人都寄望他能出仕朝廷，有所作爲。九歲時，母舅松殿師家（伊子弟）見他聰慧，有意收他爲養子。當時，他已是無父無母的孤兒。

比叡山出家，心中生疑團

道元十三歲時，離家奔比叡山麓，投入良觀法印門下。良觀精通天台密教，乃母親伊子之弟，道元之舅。良觀深知松殿家對道元的期待，勸他打消出家念頭。道元不肯答應，良觀不得已送他至比叡山，起居於橫川般若谷千光房；次年就天台座主公圓行出家入門得度式，正式進入修行生活。

當時延曆寺已世俗化，追求名望甚於修行，道元自己也曾「迷而起邪念」（《正法眼藏隨聞記》），但在閱讀中國高僧傳與諸經論之後，他逐漸從追求名利的迷障中醒悟，而回歸學道之途，卻起了一大疑問：「顯密二教共談本來本法性、天然自性身。若如此，則三世諸佛依甚更發心求菩提？」（《永平寺三祖行業記》）

大乘佛教認爲「一切眾生悉有佛性」，顯密二教都說人生來就有佛性；天台宗的本覺思想更將此一立場徹底化，認爲人非修行始覺，而是出生後即悟覺。如果如此，人爲何要發心修行求道？此問題一直困擾著道元。道元問遍山內高僧，都無法解其惑，道元乃決心下山尋求正師。

一二一四年道元下山，首先造訪精通顯密二教的三井寺公胤僧正。公胤也沒辦法解答他的問題，反而介紹他去見承中國臨濟宗黃龍派的榮西禪師。榮西接見懷著一大疑問的道元，並回答他的問題：「三世諸佛不知有，狸奴白牯卻知有。」榮西引唐代禪僧南泉普願的話回答他，意思是說，三世諸佛都不會意識到這種問題，只有狸牛等畜生才會有此意識。佛道不只在高邁的教學中，更要在眞正的體認自覺中把握。

道元雖然對禪開了眼，但沒有立即皈依禪宗。一二一五年七月，榮西往生，道元依然未列榮西門下。之後，道元依然遍歷各地寺院，尋求正師，不可得，回延曆寺，勤讀《大藏經》，並決心投入禪門，赴中土求明師。一二一七年，師事榮西高徒明全。明全雖非榮西門下十哲，但持戒堅固，承繼了禪門的嚴格。這時明全三十五歲，熱心禪道，認爲禪非傳戒而已，應再赴中國求正師探究眞正的禪，道元願隨行。

踏上中國，尋師求法之行

禪自印度傳至中國，日本法相宗之祖道昭入唐，曾在二祖慧可之下參禪，六六〇年回國，這是禪初傳日本。奈良時代的七三六年，唐僧道璿至日，傳來北宗禪；平安初期八〇五年，天台宗祖師最澄曾就天台山禪林寺的翛然學牛頭禪，將禪作爲天台宗教學之一環；最澄逝後，禪學亦停滯。此後，禪雖斷續傳入日本，皆未成氣候。到日本臨濟宗之祖榮西赴宋回國後，得鎌倉幕府的庇護才逐漸推廣禪門，成爲顯學。但榮西的禪是建立在天台教學與密教之上，屬兼修禪，然而道元所關心的是眞正的禪。

一二二三年三月下旬，道元與師明全踏上日宋貿易的商船，由南路抵達明州（今寧波）慶元府。明全與道元分手，赴天童山，而死於天童山。道元停留慶元府，一日，一個年過六十的老典座（掌廚事的和尚）自宋代禪宗五山之一的阿育王山來買椎茸。道元對老和尚頗感興趣，邀他留下談話。

老和尚說：「非回去不可，明日供養非我不可。」

道元說：「食事沒有你，別人也做得來。少了一個典座也沒關係吧？」

老典座說：「這是我的工作，不能託給他人。」

「你已老，爲什麼不坐禪辦道，不讀古人語錄，做典座這種煩人的工作，又有什麼好？」

老典座聽了哈哈大笑：「外國來的年輕人，你還不了得辦道，還不得知文字。」

道元聽了深覺慚愧：「什麼是文字？什麼是辦道？」

「按你現在的質問深究下去，就會成一個了不起的人。」

道元完全不懂老典座的意思。老典座說：「不懂，什麼時候到阿育王山來，就會懂得文字的道理。啊！天已黑，非趕快回去不可。」（這段故事出於道元的《典座教訓》）

道元一到中國，就遇到充滿禪機的禪僧，後來道元自述：「我稍知文字、稍解辦道，乃彼典座之大恩也。」道元隨後進天童山。天童山乃宋五山之一，也是五山中最堂皇的寺院，當時的住持是無際了派。道元在天童山獲益甚多。

一日，道元讀古人語錄，一個西川來的禪僧問他：

「看語錄有什麼用？」

「想知古人的行李（行跡）。」

「有什麼用？」

「可回鄉里化人。」

「有什麼用？」

「爲了利生。」

「到底有什麼用？」

這樣逼問下，道元終於語塞。由此，道元乃知，爲某種目的修行，不只沒有用，反而有害。從此，道元不再看語錄，只管打坐。不是爲悟而坐，只坐而已。換言之，日常生活本身就是修行。

一二二四年，天童山住持無際了派去世，道元離開天童山，開始訪正師之旅。道元認爲，正師如佛，正師之所言，必信而不疑。正師的角色是與弟子對話激盪，導引弟子悟覺，此即所謂「啐啄同時」。小雞出殼時，小雞由內啄殼，母雞同時由外啐殼，小雞才能孵出。弟子要開悟，就需要有這樣的正師。道元在無際了派下無法開悟，只得到中國各處尋訪正師。

展開尋找正師之旅

道元先赴五山之一的徑山興聖萬壽寺參見無際了派的師兄浙翁如琰，接著駐錫天台山平田的萬年寺，又到大梅山護聖寺等，巡錫半年皆無所獲。宋時禪林大都屬臨濟宗大慧派，據稱大慧派求名利勝過求道；對此，道元極爲不滿。在這情境下，道元頗有「大宋國無人」，不如歸去之感，準備回天童山向恩師明全辭行。途中有一老僧告訴他，如淨接到了派遺囑，從臨安淨慈寺轉任天童山住持。如淨非大慧派，與了派法系也不同，這給道元燃起一絲希望。

一二二五年，道元回天童山，參見如淨，在如淨的指導下終於大悟。據《永平寺三祖行業記》和《建撕記》云，一天早上，諸僧坐禪，如淨見一僧打盹，大喝道：

「參禪應身心脫落，只管打睡能爲什麼？」

這時，道元頓時大悟，立刻赴方丈燒香禮拜。如淨凝視道元：

「爲何燒香？」

「身心脫落了。」

如淨口中連頌「身心脫落，身心脫落。」承認道元之悟。

道元又說：「這只是一時之悟，請勿妄給印可。」

「吾不妄印。」

「如何不妄印？」

如淨即時回道：「脫落，脫落。」

對「身心脫落」一辭，《寶慶記》載，如淨如此開示：「參禪乃身心脫落，不用燒香、禮拜、念佛、修懺、看經。只管打坐。」

道元問「身心脫落」之意，如淨答：「身心脫落即坐禪，只管打坐時，離五欲，除五蓋。」

「這與一般佛教不是沒有不同嗎？」

「祖師的兒孫不能討厭什麼大乘小乘。背離如來聖教，如何能成佛祖兒孫？」

道元又說：「有云除五欲乃小乘。」

如淨說：「佛祖兒孫只除一蓋一欲，也有大利益。除這些始能見佛祖。」

由此可知，「身心脫落」是道元開悟的最大關鍵，也是道元曹洞宗的精神。道元在天童山開悟後，再巡錫中國各地兩年。一二二七年，如淨授予嗣書，空手搭船回日本，他自述說：「山僧歷叢林不多，僅等閒見天童先師，當下認得眼橫鼻直，不爲人所騙。便乃空手還鄉，故無一毫佛法。」意思是說，他沒有帶任何佛經文物回日本，只以成佛之身回日本。在道元來說，開悟者皆爲佛。

革新禪風，不見容日本僧團

回國後，駐錫於以前住過的建仁寺。建仁寺當時極爲浮華，他仍忍耐住下，開始寫他的第一部著作《普勸坐禪儀》，認爲坐禪是直達佛法眞理的不二法門。他以釋迦的六年端坐和達摩的九年面壁爲前提，強調釋迦與達摩皆由坐禪悟道，其後東西諸師多由坐禪開悟。因此，坐禪乃「安樂的大法門」。

但道元的革新式禪修方式不爲不同宗派的建仁寺僧團所容，比叡山延曆寺也不喜歡有新的教派出現，不時施壓。一二三〇年，道元不得已離開建仁寺，深居京都南郊的深草安養院。慕名求道者逐漸集中於道元四周，也獲得正覺禪尼與藤原教家等實力

者的外護，他們勸道元建立寺院。一二三三年在安養院建了興聖寶林寺（簡稱興聖寺），興聖寺規模很小，沒有僧堂。但一落成，道元就搬過去，更積極培育弟子，開始撰寫名著《正法眼藏．現成公案》以下諸篇。

〈現成公案〉完稿的第二年冬，道元得到了一個可信靠的弟子孤雲懷奘。懷奘本屬達摩宗，比道元大兩歲，幼時登比叡山出家，從天台、俱舍、三論、法相、成實等教學到密教、淨土教均修，乃一博學僧侶。他聽說道元學成歸國，就找上道元，想在論述上擊垮道元，但一交鋒，懷奘即敗陣，乃拜道元爲師，追隨道元，寫下《正法眼藏隨聞記》。道元也非常信任他，任命他做興聖寺首座，是時道元說法指出，「玉磨始成器，人須由練磨始爲像人之人。……必磨，必練磨。」雖然「一切眾生悉有佛性」，但要像玉一般琢磨，佛性始能顯露。修行坐禪都是磨的一種。磨是需時時爲之，「學道之人勿待後日行道，應不過今日今時，日日時時勤修。……若佛道乃一大事，當思窮一生莫虛度日日時時。」（《正法眼藏隨聞記》）

記起師訓，隱退深山辦道

一二四二年四月，道元應前關白近衛殿之邀赴京說法。是年十二月、翌年初，均到京都說法，並仿榮西著《興禪護國論》以鼓吹宗風之舉，撰述《護國正法義》呈獻朝廷，卻因比叡山從中作梗，無法向朝廷說法。比叡山更趁勢以武力襲擊興聖寺，加以燒毀。同一時候，他也接到中國傳來的如淨語錄，讓他想起了如淨的教訓「勿居城邑聚落」。鎌倉幕府御家人，也是道元的俗家弟子波多野義重，在越前國（今福井縣）有領地，他勸道元：「越前吉田郡內，深山有安閒古寺。若至彼度生說法，乃一國之運，侯家之幸也。」

一二四三年七月，道元一行抵達越前國，住在波多野義重所說的「安閒古寺」吉峰寺草庵，在此度過一年。但吉峰寺狹隘，不適傳教，乃在義重等支持下，在現今的永平寺營建新寺。一二四四年四月竣工，三個月後道元移錫新寺，並舉行開堂供養式，命名爲吉祥山大佛寺。一二四六年，道元將大佛寺改名爲永平寺。

據稱，佛教於漢明帝永平十年（六十七年）初傳中國；而將佛教正法傳至日本的則是道元，故改名永平寺。命名永平寺那天，道元上堂說法：「故世尊降生，一手指天，一手指地，周行七步曰：天上天下，唯我獨尊。世尊有道，是眞實的，但永平有道，大家證明。稍停曰：天上天下，當處永平。」將永平寺的誕生模擬爲釋迦的降生。

一二五三年，道元因病離開永平寺，下山到京都治療。八月二十八日半夜，逝於京都高辻西洞院俗家弟子覺念邸宅，享年五十四。

道元臨死時留下遺偈：

五十四年照第一天
打箇哱跳觸破大千
咦無渾身覓
活著落黃泉

道元自認爲已知道什麼是佛的境界，可以安心赴黃泉了。

註1：關白，日本官名，相當於唐代之丞相，乃平安時期攝關政治所創之官位，後來成為榮譽性官員。

戒律復興運動的推手

叡尊聖者

（一二〇一～一二九〇）

鎌倉時期，
被視為戒律復興運動推手的叡尊，
雖然曾習密教十年，
但從當時密教僧侶破戒的生態中，
悟覺到復興戒律的必要。
他主張「悉有佛性說」，
進而主張「同一佛性說」，
認為癩病患者也有同一佛性，
因而他們持戒亦可滅罪成佛。

唐僧鑑眞（西元六八八~七六三年）渡日，導進戒律後，日本開始重視戒律，這時南都奈良的戒律以約束僧伽的七眾戒爲主。到平安時代初期，天台宗始祖最澄依《梵網經》創出梵網戒，稱爲菩薩戒。到平安末期，末法思想盛行，戒律逐漸鬆緩，甚至被漠視，因而有戒律復興運動的展開；到鎌倉時期，戒律復興運動更積極展開，其主要推手是奈良西大寺的叡尊聖者。

叡尊，一二〇一年五月生於大和國添上郡箕田里（今奈良縣大和郡山市白土町），父親是興福寺學侶慶玄，母親出身藤原氏。叡尊七歲時，母親留下三子去世。翌年，因家貧，叡尊被送到京都小坂巫女家爲養子。一二一一年，養母去世，又被送到養母妹彌座一的巫女家。彌座一的巫女家亦貧困，叡尊被托給醍醐寺叡賢，在叡賢處過著摘花焚香奉佛的生活。三年後，又移往下醍醐安養院榮實處。幼年生活極不安定。

一二一七年，叡尊十七歲，以醍醐寺惠操大法師爲師出家，並在東大寺戒壇受戒，開始習密教。惠操的僧位是大法師，叡尊也因而獲得僧位，成爲官僧。此後，叡尊即修密教的四度加行；二十八歲接受傳法灌頂，成爲可獨當一面的阿闍梨。接受密教印可的十年間，他雖累積種種修行，卻始終懷著一個疑問：接受嫡傳祕法的密教僧侶，常捨大乘之道，墜入魔道，忘了弘法大師空海所訂「縱捨命亦不犯淨戒」的遺訓。

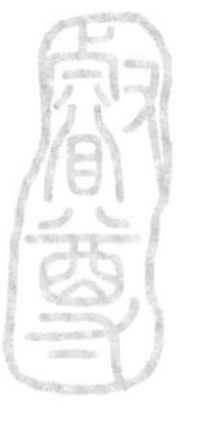

復興戒律的必要

從密教僧侶破戒的生態中，叡尊悟覺到復興戒律的必要。這時，他聽說東大寺戒禪院（後來的知足院）的尊圓準備在西大寺寶塔院（東塔）設置六持齋僧，便親自拜訪尊圓，希望能住進西大寺。一二三五年，叡尊住進西大寺，聽戒如、覺證等講經，研習《四分律行事鈔》，重視戒律。

一二三五年，叡尊參與東大寺的自誓受戒。一般而言，要成爲正式僧侶，必須在精通戒律的三師（三位戒師）七證（七位證明師）之前，發誓遵守《四分律》所說的二百五十條戒律，這種發誓方式稱爲「從他受」。「自誓受戒」則由佛、菩薩直接授戒；依《占察經》等的說法，只有在沒有戒師時，才採取這種特別的受戒方式。當時，東大寺仍不時舉行「從他受」，叡尊等卻行「自誓受戒」，可說是破天荒的，也可說是由外向內的自律形式。

自誓受戒之際，受戒前必須得好相（精淨潔齋所得的好夢）。叡尊第二次得到好相後，在東大寺法華堂的觀音菩薩前自誓受戒。叡尊等的自誓受戒是菩薩戒的通受受戒，把自己界定爲菩薩，亦即以拯救眾生爲主軸。通受乃與別受相對，必須接受攝善法戒（爲善）、攝眾生戒（救濟眾生）和攝律儀戒（止惡）三戒。所謂別受，只受攝律儀戒，東大寺等戒壇所授的戒是別受。叡尊等的自誓受戒，不只重視自我開悟，也

以救濟他者的菩薩行爲行動準則，叡尊由此展開了救濟癩病患者的工作。

一二三八年，叡尊回到因戰亂荒廢的西大寺，重整西大寺之外，也積極展開戒律復興運動。西大寺乃七六四年女帝稱德天皇所建，創建之初，面積比興福寺還大，有三十一町，寺院亦頗雄偉。稱德天皇死後，迅速荒廢；叡尊回來時，已荒廢至極，只留下四王堂、食堂、寶塔院（東塔）等，寺領莊園三十六所也只剩下九所。叡尊抵達時，發誓：「不惜身命，止住當寺，興隆正法，利益有情。」當時，西大寺由興福寺別當（住持）以官僧（所謂「白衣方」）管轄，以四王堂爲據點。叡尊及其弟子則以寶塔院爲活動據點，稱爲律家——「黑衣方」。直到一二七八年，興福寺才把西大寺的經營權讓給叡尊。

持戒即可消業

一二三八年，叡尊在西大寺的寶塔院進行結界。結界是在限定的領域內進行清淨化的工作，僧侶只能依戒律住在結界內舉行種種儀禮。結界的第二天，叡尊依照《四分律》的戒律舉行反省自己行爲的四分布薩，次日又依《梵網經》舉行梵網布薩。《四分律》是自我開悟者應守的戒律，梵網戒則是菩薩應守的戒律。梵網戒無論出家在家都應遵守，叡尊認爲僧侶應該兼守《四分律》的戒律。換言之，叡尊所訂的戒律，以僧侶言，是《四分律》；以菩薩言，是梵網戒。

一二四五年，叡尊出任以行基出生地爲寺的和泉國家原寺清涼院住持。他的行基信仰更加強烈，以行基爲範，展開修橋、舖路、挖池的社會事業，同時傾力恢復與行基有關的寺院舊觀，也著手復興法華尼寺，成立見習尼的沙彌尼，一二四九年又成立可獨當一面的比丘尼。一生中，曾爲六位比丘尼傳法灌頂。

在思想上，叡尊主張「悉有佛性說」，進而主張「同一佛性說」。他認爲癩病患者也有同一佛性，因而勸他們持戒以滅罪成佛。他認爲，盲者、聾者和癩病患者都因前世謗佛受佛罰，才爲盲者、聾者、癩病患者，因此都是業病。雖然如此，依然有其佛性，持戒即可消業。

一二四五年，叡尊在家原寺舉行別受授戒時，曾在文殊堂依《悲華經》仿釋迦立五百大願，對釋迦逝後未聞佛法的眾生行菩薩行，以期在現世中成佛。阿彌陀信仰主張淨土成佛，釋迦信仰則主張穢土成佛。換言之，叡尊認爲現世是「穢惡所」、「穢惡苑滿國土」，即使現世是穢土，也可以像釋迦那樣成佛。

備受鎌倉幕府、朝廷的尊崇

一二四五年之後，叡尊教團的勢力逐漸擴大，並以抽籤方式派遣弟子到各地傳

教，不僅鎌倉幕府的要人入了教，後嵯峨上皇的要員葉室中納言定嗣也出家爲叡尊弟子，並以他的別墅爲淨住寺，做爲叡尊教團在京都的據點之一。一二六一年，鎌倉幕府北條實時指派「見阿彌陀佛」爲使者，願獻一切經及金澤稱名寺，請叡尊到鎌倉，叡尊辭退，並奉還幕府的捐獻。

最後，不論叡尊是否下鎌倉，幕府仍獻一切經。第二年，北條實時又派遣「見阿彌陀佛」帶書函見叡尊，幕府最高權力者執權北條時賴表示，願爲興法自身受戒。叡尊只好答應，當時他已六十二歲，信徒大多認爲他可能無法再回西大寺，因此啓程前，許多人要求受戒。

叡尊帶領弟子定舜、盛遍、性如、性海等到鎌倉，途中，在尾張（今名古屋）長母寺爲常住僧三十三人、在家者一九七人授戒，並舉行涅槃會，進行梵網布薩，結緣者達三〇七七人。到鎌倉時，住在清涼寺釋迦堂，以此爲據點，替癩病患者授戒，也爲北條時賴授戒，教勢更加擴大，當時有許多念佛僧加入叡尊教團。這裡所說的念佛僧並非法然、親鸞等的專修念佛，而是鎌倉盛行、重視西山義等戒律的念佛僧。

一二六四年，叡尊創立光明眞言會，以強化教團僧尼的結合。光明眞言是指大日如來的眞言，聽此眞言，一切罪障皆可消滅，將此眞言加持的沙土撒在亡者與墳墓上，後世可得菩提。當年九月，以稱德天皇忌日爲期，在西大寺舉行光明眞言會七日，叡尊爲亡者追善，爲生者現世利益誦讀光明眞言。

叡尊不僅爲鎌倉幕府所承認，也得到朝廷尊崇，一二七四年與一二八一年兩次蒙古入侵，叡尊爲此祈禱，蒙古軍因颶風而退，被認爲是因祈禱引起神風而被擊退。

叡尊曾三度參拜伊勢神宮，這是前所未有的。伊勢神宮向來嚴分神佛，不許僧侶參拜。但蒙古入侵事件，伊勢神宮內宮祠官荒木田氏在蒙古入侵前請叡尊到神宮祈禱，期望藉此擊退蒙古軍。以這三次參拜爲契機，叡尊建立了伊勢弘正寺等律寺，並將視天照大神與大日如來同一人的兩部神道理論化。

享年九十捨報

一二九〇年八月四日，叡尊突然下瀉，而且「洩瀉不止」，投藥無效。二十四日，叡尊剃髮沐浴，換新衣。次日晨，起身食粥些許，飲兩次味噌水，結祕印，冥思片刻；中午，僅食三口。是日，晴空無雲，西大寺上空飄著紫雲，眾人以爲叡尊已逝，群集西大寺，見叡尊依然健在，又回去。午後二時，唐招提寺長老證玄來見，叡尊說：「濁世末代，生爲人，遇佛教。捨身命入法界，超越名聞利養，爲悟修行。興將絕之正法，廣已廢之戒律。初獨力爲之，五眾（比丘、比丘尼、式叉摩那、沙彌、沙彌尼）卻增於諸國，金胎兩部傳法亦在諸寺爲之，佛法意外興隆。今已九十歲，罹重病，於生死之境，唯願繼法不使之失墜。」充分表達了叡尊興法利生的人生願景。

隨後，叡尊洗手漱口，脫下身上的五條袈裟，換上二十五條袈裟，朝西方結祕印，結跏趺坐，閉目調息，日落時，圓寂如入禪定，享年九十。一三〇〇年，後伏見天皇賜予「興正菩薩」稱號。

推動社會救濟事業

良觀忍性

（一二一七～一三〇三）

身為叡尊的高足，與其師一樣投入社會救濟，
而良觀上人忍性對非人的照顧更是積極，
據說有一癩者臨終發願要回來服侍他，
弟子中果然有一人臉上有疤，
人們相傳他就是癩者的後身。
忍性的非人救濟，是把非人視為文殊菩薩的化身。

良觀上人忍性，一二一七年七月十六日生於大和國城下郡屏風里（今奈良縣磯城郡三宅町存屏風），父親伴貞行後來出家，號敬法房慈生，以西大寺的近住男（律師教團內的齋戒眾）捐贈土地給西大寺，並擔任西大寺本尊釋迦如來像開眼供養的施主。母親榎氏對忍性出家前的生活影響甚大，忍性也非常孝順。

一二二七年，忍性十一歲時在信貴山從學，十三歲誓言斷肉食，十四歲畫文殊菩薩畫像，由此觀之，忍性自幼即浸濡於佛教環境，可能是受母親的影響。十六歲，母親見背，臨終時，母親希望忍性能成僧形，忍性立刻剃髮穿法衣。母親關心忍性的未來，遠超過她自己的往生淨土。忍性認爲，母親因「不厭穢土、不欣淨土」，唯悲忍性未來而亡，亡魂一定不會往生淨土，必在六道輪迴的某處受苦。悼念亡母，讓母親亡魂得以解脫，就成爲忍性宗教信仰的出發點。

叡尊勸出家，成爲高徒

十六歲時，忍性在額安寺（今大和郡山寺額田部寺町）出家，每月到安倍文殊院拜文殊菩薩。十九歲，每月到行基的遺蹟生駒山竹林寺（已屬律宗寺院）參拜。就在這一年，竹林寺的律僧發掘寺內行基院，發現了行基的舍利。日本自來就認爲行基是文殊菩薩的化身，各地都有以救貧爲宗的文殊會。據研究，以行基等於文殊爲救貧彌賽亞的信仰，在平安末期已經確立。忍性的文殊信仰，也奠下了他往後救濟事業的基礎。

一二三九年，在二十三歲時，忍性遇見了他的終生之師叡尊。叡尊授忍性大乘十重戒，並勸他出家。忍性哭訴母親臨終時情景，並說：「在母親十三周年忌日前，我發誓要畫七幅文殊菩薩像，安置於大和國七家非人宿，每月二十五日的文殊祭典，唱文殊寶號，將此功德迴向給亡母轉生的世界，希望以此作爲亡母解脫的因緣。等這些願望完成後，才出家。」這裡所說的出家，是指由沙彌經受戒更衣爲正式比丘。

非人是指賤民，在當時，得漢生病（癩病，痲瘋病）和身體殘障者，都被視爲非人，爲社會所排斥、疏離。中世時，他們住在奈良東北邊境的奈良坂北山宿等地，形成被稱爲非人宿的集團。

一二四〇年正月，忍性到西大寺拜訪叡尊：

「今春已安置一幅文殊畫像於額安寺西宿，想爲此非人宿的居民授齋戒，並進行文殊畫像的開眼供養，藉此來完成我對亡母報恩感謝的願望，然後出家。」

三月十六日，叡尊赴額安寺西宿，爲非人四百人授齋戒，忍性也出家做叡尊的弟子，由叡尊授予具足戒。

推動社會救濟，爲非人服務

忍性的救濟活動也爲西大寺的律宗所接納，叡尊等南都律宗的非人救濟運動也接納了忍性依民間信仰——行基等於文殊信仰的非人救濟工作，從此忍性與南都律宗積極展開非人救濟工作。

寬元初年，有一位非人癩病患者，因病重不能步行，無法行乞。於是，忍性黎明前到奈良坂接他，背負到奈良市行乞場，傍晚又背回奈良坂，不論風雨寒暑，忍性接送癩者，從不間斷。癩者臨終時說：

「我一定再轉生爲人，服侍你，報你的恩德。轉世時，會留疤臉上，做爲證據。」

後來，忍性弟子中果然有一人臉上有疤，人們相傳他就是癩者的後身。

叡尊、忍性等的非人救濟是把非人視爲文殊菩薩的化身，同時把他們定位爲從社會生產事業中脫落、無法工作之人，才予救濟；若還有工作能力而不工作，則不予救濟。

聽叡尊之勸，放棄入宋

另一方面，忍性自出家以來，就發願興法利生，但自認在學術上屬「鈍機」之人，無法以學術增益他人。因此，一二四三年，有意渡海入宋，將律宗聖教帶回日本，以助學律之人，並在叡尊弟子中徵求同志。成願房覺如支持他，但師叡尊卻勸他留在日本學律。忍性從師勸，放棄入宋之舉，從京都泉涌寺（與「南都律」相對的「北京律」據點）借來《四分律行事鈔》，由叡尊講授，忍性等弟子從學聽講。

覺如則一心想完成由宋請回聖教的願望，有意獨自入宋，有嚴哀其志願一同入宋；叡尊知覺如心志已決，便勸弟子隆信房定舜同行。三人入宋後，於一二四八年帶律三大部《四分律刪繁補闕行事鈔》、《四分律比丘含注戒本疏》、《四分律刪補闕隨機羯磨》回日本。以此爲契機，忍性晚年，一二九八年，曾把鑑眞從唐渡日傳授戒律的辛勞畫成繪卷物《東征傳繪卷》，捐捨給唐招提寺，藉以表達對鑑眞的崇敬，同時也表達自己未能入宋帶回聖教的憾意。

在有意入宋帶來聖教的那一年，忍性曾與覺如一起到關東，行至伊豆山權現（走湯山），在湯屋討論「白四羯磨」（受戒爲比丘時的儀式）時，深覺對律學的瞭解仍有不足，必須繼續加強，乃回西大寺，覺如則入宋。

忍性在西大寺繼續修學，一二四五年，在和泉國（在今大阪府）家原寺由叡尊授別受戒，一二五二年爲弘揚西大寺系統的律宗於關東，再度前往關東。他自覺非學問之器，遂以普度眾生爲志。從此，忍性活動的舞台移往關東。

發大願，社會救濟更積極

一二五二年，他參拜常陸（今茨城縣）鹿島社，閉關三日，獻《法華經》予鹿島神；年底進入他往後活動十年的據點筑波山麓的三村寺。參拜鹿島社的人須由北浦經水路，到鹿島社的玄關大船津。為了固定大船津的泥濘，忍性修築港灣，開鑿道路；同時為了祈求船行安全，用鹿島社神木的南枝雕刻船越地藏安置於大船津對岸潮來町延方的眞言宗普門院。

忍性拜鹿島社時，住在號稱御手洗寺的清涼院，親自刻十一面觀音像，安置於鹿島社神宮寺。為了維持僧尼秩序，區劃寺地、伽藍的邊界，忍性在所住的三村寺、東城寺和宍塚般若寺立了結界石，不許在界內殺生。

在常陸傳教修路結界十年後，一二六一年，忍性從常陸移居鎌倉，住在新清涼寺釋迦堂（在鎌倉扇谷附近），在鎌倉獲得了活動據點。第二年，師叡尊應金澤實時（源出鎌倉幕府執權北條家）之邀至鎌倉住了半年。當時，金澤實時本捐北條氏的家寺稱名寺做為叡尊駐錫之地，叡尊婉拒，而住在忍性所建的新清涼寺釋迦堂。

叡尊在鎌倉時，忍性到鎌倉的濱悲田，師弟賴玄到大佛悲田，給兩處悲田院的病患與孤兒食物，授與十善戒。悲田院是收容被棄置於都市路邊的孤兒與病患的設施。鎌倉時代，京都在三條京極東、鴨川西的河原建東悲田院，在上京設安居院悲田院，院中的孤兒與病患都被定位為非人身分，從事燒鴨川死屍的工作。鎌倉的濱悲田和大佛悲田可能是模仿京都的。一二七四年大飢饉時，忍性聚集飢民於大佛悲田所在的大佛谷，給粥五十餘日。

一二六七年，忍性從新清涼寺西移至極樂寺，第二年忍性為願主，造極樂寺本尊的清涼寺式釋迦如來像與十大弟子像。一二七二年，忍性發十大願，其中一願：「憐憫孤獨、貧窮、乞食人、病者、盲人、腰足不能直立之人及牛馬被棄路頭者。」忍性對慈善救濟更加積極。極樂寺也成了鎌倉的慈善救濟中心，這從保存至今的〈極樂寺伽藍古圖〉可以看出。古圖中，在極樂寺伽藍的周圍有療病院、癩宿、藥湯室、無常院、施藥悲田院、病宿、坂下馬病屋等。此外，依據《性公大德譜》所載，忍性一生中曾在五個地方建立浴室、病室和非人所，讓辛勞無助之人得以休憩。

除了設立非人設施外，忍性也修路架橋，一生中曾建一八九座橋，其中最有名的是架在瀨田川上的瀨田橋，一稱勢多橋，因用中國方式架設，也稱為唐橋，瀨田川是從琵琶湖流出的。

一二九七年八月，忍性應伏見天皇之招，在宮中真言院供養兩部（金剛、胎藏）曼荼羅。隨後，由弘實僧把架在京都上立賣堀川的船橋和管理此橋的水落寺讓給他，顯然對忍性管理橋的能力頗予肯定。

晚年，雖由朝廷與幕府授予慈善機構和寺院的主管職位，但他在叡尊逝後仍將心

力投注在西大寺的管理上。一三〇三年，忍性於極樂寺去世，享年八十有七。遺骨除極樂寺外，也分給早年修行的大和生駒山竹林寺與額安寺，每一寺院都建有巨大的五輪塔。

《法華經》行者

日蓮上人

（一二二二～一二八二）

日蓮在十六歲時即許願，
要成為「日本第一智者」。
他一生認為《法華》才是真正的佛法，
所以在歷盡各種劫難困頓，
皆視其為《法華經》行者難免的災難。
正如他所言：
「我不愛身命，但惜無上道。
故我日蓮乃日本第一的《法華經》行者。」

日蓮宗始祖日蓮常引用《法華經》中所言「我不愛身命，但惜無上道」所呈現爲眞理奮鬥的精神，而以自己的一生體驗《法華經》。他不去闡釋《法華經》，因爲《法華經》是永恆的眞理，他只是用生命、身體實踐《法華經》的眞理，所以他自稱是《法華經》的行者。

日蓮，西元一二二二年出生於安房國長狹郡東條鄉，現在的千葉縣安房郡天津小湊町。他自稱「生爲貧窮下賤者，出於旃陀羅（印度種姓階級中最低的階級）之家。」其實，他的家族應屬於不必出海打漁的中等漁家。

十二歲時被寄養於小湊附近的清澄寺。爲何被寄養於寺院？不得而知。因爲父母俱在，家道亦未中落，跟法然、親鸞的情形不同，法然因家遭夜襲父親被殺而出家，親鸞因家道中落而出家；日蓮可能是自願出家，十六歲剃髮爲僧，取名聖房蓮長。

矢志成爲日本第一智者

清澄寺乃天台宗寺院，天台宗總院在京都延曆寺。天台宗認爲總括佛教全體的最根本經典是《法華經》。據說，清澄寺是天台宗慈覺大師圓仁「求聞持修行之地」。本寺奉虛空藏菩薩爲本尊，日蓮曾向虛空藏大菩薩許願，希望菩薩給他大智慧，成爲「日本第一智者」。他因此獲得「明星般的大寶珠」，更堅定了他信佛之心。這跟眞言宗始祖空海未成名時由一沙門授以「虛空藏聞持之法」，而入佛法世界一樣。

爲求佛理，十七歲時下清澄入鎌倉，聽聞淨土教學，不得要領，隨即回清澄寺。二十一歲，赴京都比叡山天台宗的本山延曆寺，定居於山下橫川的定光院。橫川有所謂「四季講座」，本山俊彥常聚集於此，互爲講師聽眾。「四季講座」，春講《華嚴經》，夏講《涅槃經》，秋講《法華經》，冬講《大集經》與《大品經》。

日蓮在橫川十二年，離開延曆寺回到清澄寺。這十二年，他依然沒有遇見可以心許的法師，但是他從《涅槃經》看到「依法不依人」之語，又從《無量義經》中看到「法華以前，未顯眞實」之言，乃總合兩者而得一結論——法華乃唯一眞實之教。由此確立了爲《法華經》不愛身命的日蓮。

同時，他認爲淨土宗是爲死後淨土設教，忽略現世情境，故淨土宗只重「臨終正念」；日蓮認爲應重視現世繁榮，要現世繁榮，則須以法華改造現世，因此藉體認法華眞理以實踐法華精神，才是淑世之道。

淨土宗唱「南無阿彌陀佛」，以期往生淨土；日蓮主張以《法華經》的經題「南無妙法蓮華經」，祈求現世的繁榮。兩者的差異與兩者對「末法」的看法有關。創立淨土宗的法然認爲，當時日本社會已入「末法」之世，末法之世乃穢土，應厭離；淨土乃死後所生之地，應可欣然求之。日蓮不認爲現實世界是穢土，故言娑婆即寂光淨土。

其實，日蓮也認爲當時是末法之世，既是末法，就應如實承認。他說，《法華經・從地涌出品》中指出，佛滅後在娑婆世界中護持、誦讀、宣揚《法華》的是上行菩薩。日蓮認爲自己是上行菩薩，相信日蓮唱誦「南無妙法蓮華經」的人都是地涌菩薩。換言之，末法之世，不是逃避末法，而是迎戰末法。迎戰末法會遭受各種迫害，做個地涌菩薩，要能忍受、超越各種迫害和苦難。

視《法華》爲眞法而招難

然而，何以必須誦讀經題？日蓮說，「一經內之肝心納於題目」、「擣簁和合如來一代之教法爲妙法一粒之良藥」、「法華經之題目乃八萬聖教之肝心、一切諸佛之眼目也」、「故唱聲妙法蓮華經即可喚起一切佛、一切法、一切菩薩、一切聲聞……乃至地獄、餓鬼、畜生、修羅、人天、一切衆生心中之佛性。」總之，題目是「要」，是心髓。「妙法蓮華經五字，當時只認爲是名；不然，體也。體者，心也。」所以唱題目之人即使不通其義理，亦非哲學家，只要唱題目，就可心體其意而身體力行，進而感化他人。

一二五三年，日蓮在鎌倉名越的松葉谷結草庵而居，並不時入鶴岡八幡宮的經庫閱覽。次年，獲日昭、日朗二弟子。然而以一二五四到一二六一年的七年間，天災地變、飢饉與疫疾不時侵襲日本全土。日蓮在這異常狀況中看到了上天的啓示，他相信這些異象必載於經典中。

一二五八到一二五九兩年，他閉居於相州岩本天台宗實相寺的經庫，尋覓可以詮釋這些現象的經文。他接連在《金光明經》、《大集經》、《仁王經》、《涅槃經》中找到明記三災七難產生的原因，依此寫成《立正安國論》呈現給幕府。當時幕府中信淨土者居多，而書中對淨土宗的批評不遺餘力。他要幕府人員改信《法華》，以安國民。同時罵盡當時所有宗派：「念佛無間，禪天魔，眞言亡國，律國賊。」只有《法華》才是眞正的佛法。

當時，信淨土者甚眾，不滿日蓮的詈罵，乃夜襲日蓮。相傳，日蓮在猿猴導引下逃至深山岩洞，始逃過一劫。一二六一年，日蓮出現鎌倉，又被幕府逮捕，不經裁判，就用船從由比濱送至伊豆，棄置於海邊的岩石上，爲漁夫所救，得免於難，不久獲赦免。

一二六四年，日蓮回故鄉小湊探望母親，掃父親墓。十一月，應天津領主工藤吉隆之邀，路經小松原時，遇淨土宗信徒伏擊，頭傷腕折。他引用《法華經》經文，認爲這是《法華經》行者難免的災難。《法華經》第四卷云：「如來現在猶多怨嫉，況滅度後。」第五卷亦云：「一切世間怨多信難。」〈寶塔品〉中更云：「若說此經時，有人惡口罵，加刀杖瓦石，念佛故應忍。」他認爲在日本的《法華經》行者中，只有

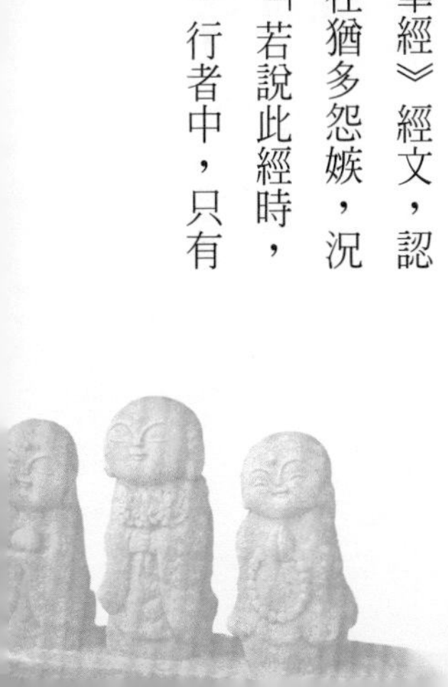

自己遭此惡口刀杖瓦石。「我不愛身命，但惜無上道。故我日蓮乃日本第一的《法華經》行者。」

抨擊其他宗教流放小島

一二六八年，蒙古使者至日呈遞國書，強迫日本歸順，日本面臨亡國危機。日蓮在《立正安國論》曾指出，日本將遭「他國侵逼之難」。而今果遭蒙古軍侵逼，使日蓮愈發昂奮，再度謄寫《立正安國論》分送幕府當局，要幕府改信法華，並大事抨擊其他宗派。幕府雖看重日蓮的預言，也正預防蒙古人的進襲；日蓮卻日夜在街上叫囂亡國之虞，使人心騷嚷不安；乃逮捕日蓮，以「惡口之咎」送至龍口刑場斬首。斬首時，天空突然暗黑下來，電閃雷鳴，劊子手刀起，電光一閃，刀斷飛走。日蓮免於一死，改判流放小島佐渡。

日蓮在佐渡忍受著《法華經》中所陳述的一切苦，考察自己過去的遭遇，端詳佛教各派的狀況及今後法華信者的走向，完成了《立正安國論》之外的兩本重要著作《開目抄》和《觀心本尊抄》，徹底否定自己思想中的密教要素。

在佐渡待了兩年半後，於一二七四年獲赦回鎌倉，幕府垂詢防禦蒙古之道。日蓮仍主張改信法華以救日本，此論依然不獲當道採納。日蓮相當失望，乃離開鎌倉隱居於甲斐國（今山梨縣）身延山。

不久，蒙古軍第一次侵襲日本，日本沒有滅亡，反而是蒙古敗逃，日蓮的預言沒有中的。此時，日蓮的體力逐漸衰落，住身延山十年，在夏熱冬寒的侵襲下，身體衰弱，乃到常陸進行溫泉療養。一二八二年，死於武藏（今東京）池上。遺骨葬於身延澤，享年六十一歲。

捨棄與遊行

捨聖一遍

（一二三九～一二八九）

一遍和尚常說：

「捨棄，捨棄吧！」

捨棄一切，遊行十六年，

可以說是一遍的一生寫照。

宗教之要在於信仰，

信仰之外，皆多餘。

一遍徹底實踐了此一觀點。

一遍和尚常說：「捨棄，捨棄吧！」捨棄一切，遊行十六年，可以說是一遍的一生寫照。爲什麼要捨棄？《一言芳談》中，遁世者敬佛房曾說：「人生只是一夜之宿。」換言之，人生是無常的，只是一夜之宿，不會有永遠的棲居之所；《沙石集》指出，敬佛房的師父明遍僧都亦云：「所謂遁世，是捨世，也爲世所捨。」捨世在一遍是與遊行連結的。捨世或捨棄世間一切，爲的是遊行，遊行爲的是修道。

捨世，在一遍而言，是有其背景的。一遍生於西元一二三九年，鎌倉幕府創立時，他的祖父河野通信以瀨戶內海的海賊支援源賴朝之弟源義經攻打平家，壇浦海戰，滅了平家，祖父立有大功。但是，北條氏消滅源家，以副將軍「執權」掌控幕府權力，朝廷欲趁此時機打倒幕府，引發一二二一年朝廷與幕府之間的戰爭——「承久之亂」，河野家支持朝廷，朝廷敗後，河野通信被流放至東北的奧州，河野家也失去了許多領地。

看透人世，二度出家

一遍十歲時喪母，爲悼母而出家爲僧。二十五歲，父死，一遍還俗，家中卻發生爭奪家督之事。擔任家督的長兄去世，家中有人欲奪家督，想先除去老二一遍，《遊行上人緣起繪》指出，一遍遭四人襲擊，幾乎被殺；一遍雖受傷，仍奮勇奪取對方長刀，保住了一命。《一遍上人年譜略》指出，「師感貪欲之可畏，覺世之幻化，故辭古鄉。」看透人世的貪欲，促使一遍再度出家。

另有一則故事，敘述一遍再出家的原由。這段故事出於《北條九代記》，未必可靠，但也傳述了人間世的另一層面。

一遍有寵愛的二妾，彼此和睦相處，一遍頗爲得意。一日，二妾並頭晝寢，一遍微笑觀看，二人頭髮突然變成無數小蛇互咬，這是女性的嫉妒；兩人外表和睦，內心卻燃起嫉妒之火，一遍自己也在不知悉的狀況之下捲入其中。如果她們因此下地獄，造成的人卻是自己，自己對性欲的執著委實可怕。換言之，以二妾象徵自己對性欲的執著；斷絕與女性的關係，是他再出家的原因。

《一遍聖繪》說：「佛說與其在家精進，莫若出家野宿出林。」一二七一年，一遍再出家，在信濃（今長野縣）善光寺閉關時，感受到了二河白道的本尊。

二河白道出於中國善導的《觀經疏散善義》，一個旅人經千里之道走向西方，他面對夾在水河與火河間的一條白色細道猶疑不決，後面又有群賊惡獸逼來，終於在護法的強勁聲音激勵下，由白道奔馳前行，終於抵達彼岸。換言之，右邊的水河象徵貪欲，左邊的火河象徵瞋恚，左有瞋恚，右有貪欲，而後有惡獸，只有一條細道可達彼岸。一遍從四國的故鄉伊豫經千里之路在信濃善光寺得此感悟，豈不正是自己的寫照？

一遍奉本尊回鄉，又在山中專修念佛三年，乃得悟，認爲十劫古昔開悟的阿彌陀如來與願念佛一聲往生彌陀淨土的眾生是一體的；接著又在空海修行的菅生岩屋參修，更確定自己之悟，乃立大決心，啓程展開他的念佛化緣之旅。

他這時的開悟，與同是淨土的先行者法然、親鸞有所不同。法然認爲專心念佛，就可以得到阿彌陀的拯救；親鸞認爲阿彌陀救贖之力廣大無邊，將自己的救贖委諸彌陀即可；一遍則認爲「南無阿彌陀佛」名號有救贖的絕對力量，只要進入此一名號即可。他說：「六字中本無生死，一聲間即證無生。」六字是指「南無阿彌陀佛」，在這六字中本來就含著無生死的開悟境界，所以只要念一聲佛號就可開悟。

捨棄一切，隻身遊行

得此悟覺，一遍即展開他的遊行之旅。他從相當於極樂淨土東門的攝津（今大阪）天王寺，經聖者集結的高野山（今和歌山縣），南下到阿彌陀本地的熊野（今和歌山本宮町）。沿途，他都頒送上寫「南無阿彌陀佛」稱爲「賦算」的符牒。一天，他送「賦算」給一位和尚時，和尚說：「現在一念之信心未起，接受此符，即爲妄語。」拒絕接受。

一遍深受打擊，乃於熊野神社證誠殿禮拜阿彌陀化身的熊野權現（權現乃指本地佛垂跡為日本神，熊野權現即是阿彌陀垂跡的日本神），求其指示。當晚夢中得神諭：「一切眾生非依你之勸而得以往生。一切眾生之往生，已在阿彌陀佛的十劫正覺中由南無阿彌陀佛決定。所以，不必選信與不信，不必論淨與不淨，繼續頒贈你的賦算。」這個說法，有點像西歐喀爾文派的預選說。

換言之，人的得救與否在十劫的古老時代已由阿彌陀決定，人只要信心不移，做自己該做的事情就好。一遍由此臻於「成道」之境，乃取名「一遍」（指一次悟覺，有些類似禪宗的頓悟），一面發放上寫「南無阿彌陀佛（決定往生六十萬人）」的賦算，一面遊行。

遊行在一遍而言，即是一種苦修，呈現一遍思想的《播州法語集》如是說：「念佛之機有三品。上根雖帶妻在家亦能不執著往生；中根雖捨妻兒，仍帶住所衣食，卻能不執著往生；下根只能捨離萬事往生。吾乃下根者，不捨一切，臨終時必執著諸事，有損往生。」又說：「衣食住三者非我所能求，可委諸天運。」

於是，一遍捨妻子、捨一切，隻身遊行，從熊野到京都，由京都入四國回伊豫；接著，從四國到九州，由北到南。一度回鄉，又經本州西部東行至京都，再往信濃，參拜信濃善光寺，歷時五年。之後，由信濃到陸奧，探訪祖父的流放地，掃祖父墓，而後南下經東海道回京都，又歷時約五年。

一二七九年，在信濃小田切里的武士邸宅發生了所謂的「踊念佛」，也就是接受

賦算的群眾愉悅得不禁手舞足蹈。古代末期到鎌倉時代，不時爲死亡陰影籠罩的民眾在脫離恐懼的歡喜中手舞足蹈，意謂時代思潮的轉換，也是「踊念佛」的開始。

當時，在武士邸宅的庭院，一遍跟群眾一起念佛。他的心在眾人吟唱聲中逐漸清澄，念佛導致的信心慢慢湧現，以致忻悅得不禁手舞足蹈，歡喜的淚水自然湧出。眾人也許有同樣的感受，不禁齊聲念佛，擊提（鍋形的缽）舞蹈，這是《遊行上人緣起繪》所傳「踊念佛」的場面。此後，跟一遍一起遊行修習的徒眾稱爲「時眾」。

終生未建一寺

一二八二年，一遍與時眾從北關東南下，欲進鎌倉，幕府不許這些看來有如乞丐集團的時眾進入所在的鎌倉市街。一遍想強行進入，跟幕府執權北條時宗見面，致爲北條時宗部屬所毆。他毫無所懼，宣稱不入鎌倉即死於此。結果還是進不了，鎌倉市民卻深爲一遍的態度所感動，齊出歡迎，接受念佛入信。

一遍和跟從他的時眾捨棄了田宅、家財與家眷，一肩挑起修行的最艱難處，不能有衣食住所，因「衣食住乃三惡道」，追求衣裳之美是畜生道，貪圖美食是餓鬼道，構築美宅是地獄道，「欲離此三惡道，則當離衣食住三者」（《播州法語集》）。不僅要捨棄一切，也要有始終一人的覺悟。他有一首和歌云：

自然相遇，
自然分手，
一人始終為一人。

《一遍上人語錄》也說：「生時一人，死時亦一人。是則，與人共住亦一人，因爲不會有人永久陪你。」因此，一遍終生未建一寺，遊行即是他宗教生活的一切，由此實踐了「人生乃一夜之宿」的法語。

遊行十餘年所積累的疲累，讓一遍的肉體逐漸衰弱，但回故鄉僅一年，又離開故鄉。一二八九年，逝於兵庫和田岬的觀音堂，享年五十一。去世前，一遍告訴弟子：「只要自己決心得救，在過去世、現在世與未來世都會有許多佛來救。」這是他對佛的絕對信心。

一遍在往生前一個月，把自己所寫與所有的書籍盡皆燒燬，不要讓弟子執著於他的遺物，不愧是「捨聖」。遺偈「一代聖教盡成南無阿彌陀佛」，意思是說，佛教經典都化爲「南無阿彌陀佛」六字，除此，其餘都不需要，反而會妨礙往生。他說：「決定是名號，任口稱名即可往生。」

宗教之要在於信仰，信仰之外，皆多餘。一遍徹底實踐了此一觀點。

理致機關如一

夢窗國師

（一二七五～一三五一）

十三世紀中葉，日本禪宗產生莫大變化。
在觀念上，
佛教教理的傳述與公案機關的開悟逐漸分離，
形成學問與修行的分化。
到了十四世紀，尤其進入室町時代以後，
悟覺理致與機關分離之不當，
意圖將之整合如一的就是夢窗國師。

西元十三世紀中葉，日本歷史已進入鎌倉中期，日本禪宗也產生莫大變化——榮西從中國傳入的臨濟禪逐漸風行；中國禪師自蘭溪道隆（一二一三～一二七八年）與無學祖元（一二二六～一二八六年）相繼渡日之後，在日本開啓了宋禪情趣的一面，也將宋朝官寺的機制傳入日本，而有所謂「五山十刹」的建構。

在觀念上，佛教教理的傳述與公案機關的開悟逐漸分離，形成學問與修行的分化。到了十四世紀，尤其進入室町時代以後，悟覺理致與機關分離之不當，意圖將之整合如一的就是本文所述的夢窗國師。

自幼即生修行之念

一二七五年十一月，夢窗國師生於伊勢。出生前一年，日本遭遇古來第一次的外敵入侵，幸得颶風之助，才將強敵蒙古軍逼退；接著，一二八一年，日本再度遭遇蒙古軍入侵，也因颶風而未遭蒙古軍蹂躪。夢窗國師就出生於國家危機的情境下，其大半生也活在十四世紀後半的南北朝戰亂中。

夢窗出身名門，父親佐佐木朝綱乃近江佐佐木一族的支系；母親則與執權北條家系有密切關聯。一二七八年，母系家族發生內亂，朝綱舉家遷往甲斐（今山梨縣），不久母逝。九歲時，父親爲逃難，帶領夢窗到平鹽山（今山梨縣西八代郡市川大門平鹽岡），讓夢窗投入眞言宗空阿大德門下，勤讀佛典，亦學孔孟老莊之學；十歲爲母親七周年忌誦《法華經》七日，令眾人驚歎不已。

十三歲時，自畫《九想圖》，獨坐一室思惟。不幸的命運似已深植其心，厭離此世、自主修行之念已成熟。所謂《九想圖》，是依序將人死後遺體膨脹、變色、腐敗、化爲片片白骨的過程畫成九張圖；剛入道的修行者循圖細觀此過程，集中意識以控制愛欲的激動。這與古印度修行者至墓地與屍體對坐的情形一樣。

夢窗自覺修道後，旋遇一大轉機，亦即由眞言、天台入禪。十八歲時，托請叔父內山明眞講師赴奈良，於東大寺戒壇受具足戒。歸平鹽山後，勤讀佛典，習眞言與天台之學。這時，從學的天台之師突然去世，夢窗對其臨終之悲慘深感疑惑，頓覺學問並不能解決生死問題；遂閉居一室，以百日爲期，反省自己所學。

夢境引導入禪宗

結願前三天的傍晚時刻，夢中出現異人，導引夢窗至一禪寺，寺中無人，清寂幽靜。夢窗問此何寺，異人答稱「疏山」；又至一寺，問之，曰「石頭」。此寺有一長老，引夢窗入寢室就坐。先前異人對長老說：「此僧特來求聖像，願和尚與之。」長老乃給夢窗達摩大師頂相，夢窗大喜，遂皈依禪道，暗指唐朝的二位禪師疏山和石頭導

引夢窗入禪。

夢窗改信禪宗後，一二九四年從甲斐準備啓程到紀州（今和歌山縣）由良興國寺訪心地覺心。法燈國師心地覺心曾從榮西門徒行勇學臨濟禪，又在高野山金剛三昧院與京都北山妙光寺開法，乃精通密教、禪與念佛之人，據云曾讓一遍上人禪悟。可是夢窗抵達京都時，因舊識禪僧德照之勸，進建仁寺爲無隱圓範弟子；無隱圓範乃蘭溪道隆弟子，屬宋禪系統。

第二年，下鎌倉，輾轉於東勝寺、建長寺與圓覺寺跟宋系禪師從學。一二九七年，回京都無隱圓範門下，隨即入一山一寧之門。一山一寧是蒙古侵日（日人所說的「元寇」）後，帶領元帝國書赴日勸降的禪師，曾一度被視爲元朝間諜，幽禁於伊豆修禪寺（修善寺）。釋放後，被請到鎌倉建長寺。修禪者群集建長寺，欲拜一山爲師。因人數眾多，無法全收，乃令欲入門者作詩偈，選優者入門。及格者分上、中、下三科，上科者僅兩人，其中一人就是夢窗。

夢窗努力從學，始終無法滿足，乃將從一山所學的所有筆記付之一炬，入方丈問一山：「某甲未明己事，請師直指。」一山回道：「吾宗無語句，亦無一法與人。」夢窗爲此深感絕望，哭訴：「更請和尚慈悲方便。」一山冷冷回道：「無方便，亦無慈悲。」夢窗遂辭一山，以「聖」的遊行方式到日本東北地方浪遊。

對鎌倉禪宗有了懷疑，早年所學的天台教學與止觀漸次自心中甦醒，這是夢窗第二次的修行危機。途中，聽說那須（在栃木縣北部）雲巖寺有高僧高峰顯日，乃登山拜望，不巧佛國禪師高峰顯日已赴鎌倉淨妙寺。夢窗留雲巖寺過冬後，即回鎌倉，暫居一山處。

一三〇三年，終於在鎌倉萬壽寺見到佛國禪師。佛國一見，就知其困惑所在，便直接問道：「圓覺和尚（一山一寧）所示，汝試舉看。」夢窗將他與一山的問答告知佛國，當言及「吾宗無語句，亦無一法與人」時，佛國揚聲說：「爲何不道：和尚漏逗不少。」

據《年譜》云，夢窗「言下有省」，但未完全瞭解，乃向佛國說：「吾不到大休歇地，決不來觀和尚。」夢窗再度作東北之遊。他先到陸奧國（今青森縣一帶），在白鳥住了三年，隨後到內草山過著與大自然爲伍的生活。

主張眞俗不二

一日黃昏坐爐旁，見火燄離薪在空中燃燒，光如閃電般亮起，胸中頓時空無一物；又見日光照窗前竹，其影隨風搖曳，乃悟日常事務皆可如此無礙行動。但這些都是受自然環境刺激而動，並非眞實世界，他依然想進入「寤寐恆一、憶忘如一」之境。

一三〇五年坐禪時，朦朧欲睡，夕陽從窗射入，頓時醒來，頗覺可恥。又想，若欲解「寤寐恆一」一辭，彌勒佛是在釋尊滅後五十六億七千萬年後始出此世，豈非一直在睡眠中，何恥之有？以假寐爲恥，乃悟之不足。一念及此，乃欲將此解告知佛國，遂啓程回鎌倉。

途中，在常陸國（今茨城縣一帶）臼庭停留，時在五月，爲避暑在大樹下坐禪，竟忘夜已深。忽覺睡意已起，乃入庵中，欲就寢，將無牆視爲牆，往牆上一靠，頓時滾落，不禁大笑，乃悟，作偈云：

多年掘地求青天，
添得重重礙膺物。
一夜暗中揚碌塼，
等閑擊碎虛空骨。

求道卻得問答、公案、偈頌等種種礙膺物，晚上一陣烈風就把這些吹得空無所有。

夢窗回鎌倉見佛國禪師於淨智寺，兩人經過一番問答後，夢窗的悟覺終爲佛國所肯定，一三〇五年十月授予印可。從這個過程中，佛國禪師對夢窗的影響大抵可以想見。夢窗自敘傳《西山夜話》，曾述及佛國對知解與坐禪的如一性。弟子也曾問夢窗：他爲何不以宋朝臨濟禪的公案引導弟子，卻常講經教人？他說，學問與公案都需要，但將兩者分別以觀的二元見解則是錯誤。

以他的表現言，理致是學問上的理解，機關是指體驗禪機的公案。宋朝禪林多用機關，夢窗認爲理致與機關應就弟子的根機而定，不可偏廢。他說：「古人云，馬祖、百丈以前多用理致，不示機關；馬祖、百丈以後，機關多、理致少。此爲何意？上代學者無禪眼，故多用理致？抑是近日學者因無教眼，故僅用與上代人不同之機關？當知禪門中，非如其他教學一尺始終爲一尺，二尺始終爲二尺。要者乃在學者根性；貫徹一道，不爲定格所拘，此乃所謂破家散財的開悟立場。」

總之，學問與公案都是致悟的方便，目的與方便不能混同。在《夢中問答》第九十一段亦云：「教者謗禪，不僅不知禪，亦不知教也。禪者謗教，不僅不知教，亦不知禪也。」夢窗最大的目標就是理致與機關如一，教與禪亦如一。

夢窗獲印可後，即進入另一情境。一三二五年、五十一歲時，夢窗依後醍醐天皇敕在京都南禪寺開堂。開堂始於中國五代宋初，乃禪院儀式之一，新任住持須宣揚禪之要義，謝先師之恩，並祈皇帝與百官長壽與國家太平。

往昔在山中修行磨練者，藉開堂入俗世，爲世說法、爲人說法，故稱「出世」，其實是與社會發生關聯之意。夢窗本人亦云：「入得世間，則出世無餘；觸事應緣，皆非外料。」《智度論》也說：「世間法無異出世間，世間法無異世間。世間法即是出世間，出世間即是世間。」這是夢窗出世間與世間的如一論，亦即眞俗不二的立場。

一三三三年，鎌倉幕府亡，建武中興，後醍醐天皇又敕令夢窗在南禪寺舉行祝聖開堂儀式，以祝後醍醐天皇的中興偉業萬歲。但諷刺的是，建武中興僅三年，就被室町幕府的創立者足利尊氏所逐，後醍醐天皇將朝廷移至奈良南方的吉野，足利尊氏另立天皇於京都，進入日本史上的南北朝時代。夢窗雖然失去後醍醐天皇的保護，然而不久即得足利尊氏與足利直義兄弟的援護。據云，夢窗自得印可後，曾得七天皇皈依，而有七帝師之稱。

雖出世但志在山水

夢窗後半生中，除了爲帝師獲幕府支持外，在文化上最値得注意的就是建造與禪道密切結合的庭園，其中最有名的當是西芳寺。西芳寺本是淨土教的西方寺，寺中有林、池、泉組成的林泉，整體形象乃摹擬西方淨土，讓置身其中者可忘卻浮世之苦。夢窗入西方寺時，林泉已荒廢，然形跡猶存，乃加以整頓並擴大規模，新建堂塔，改名爲西芳寺。

池本爲放生而設，夢窗將池擴大做成心字形，中有小島與洲崎。佛殿供阿彌陀三尊，夢窗改名爲西來堂，堂前植有大櫻樹，年年開出美麗花朵。又於西來堂南邊建二層樓閣，下層名琉璃殿，上層叫無縫塔，據說足利義滿所建的金閣寺與足利義政所建的銀閣寺皆仿此。庭園在琉璃殿之北，稱潭北亭；殿南之島，稱湘南亭。堂舍由廊相連，與今日所見不同。夢窗取義《論語》所云「智者樂水，仁者樂山」，而在廊壁上題詩偈，大意云：

仁人自愛此山靜
智者天然樂水清
勿怪愚意藉此
玩山水礪精明

意指雖出世間，與顯貴交往，但志在山水。

西芳寺的林泉終點設向上關，由此上行，頓成陡坡，有四十九巡坡道，稱爲「通霄路」，意指昇天之路。坡上有指東庵，它的右方有岩石組合的枯山水庭園，今日所見恐非昔日原貌。據云，枯山水所用的岩石乃用剷除當地古墳封土所出者。中國造園者曾言，石爲大地之骨。古墳封石組成的大地之骨，含有一種淒厲感。

據說，最能體會夢窗造園之意者是足利義滿。義滿到西芳寺時，讓所有家臣留在下方的林泉，獨自通過向上關，登上通霄路，坐在指東庵，凝望大地之骨組成的枯山水之庭。依佛教說法，「東」指過去，「西」指西方淨土，指東意乃指向過去。坐禪指東庵，可指向自己過去因緣，體會自己的現在與未來。

夢窗在《夢中問答》中曾指造庭的三種心態，第一種是收集世間奇石珍木的心

態，這種人不愛山水之優雅，只愛俗塵。第二種人就像白樂天那樣挖池植竹，「竹虛心爲我友，水能淨性爲吾師」，此種人天性淡泊，不愛俗塵。第三種人相信山河大地草木瓦石皆有自己本分，愛山水雖似世情，但旋以世情爲道心，泉石草木四氣因而轉換，「山水無得失，得失在人心」。第三種人已將禪心運用到造庭上，夢窗屬於第三種人。

一三五一年、七十七歲，夢窗在天龍寺爲後醍醐天皇十三周年忌辰做完法事後，即回臨川寺待死，結緣僧眾群集，留下告別之偈：

轉身一路
橫該豎抹
畢竟如何
彭八剌札（敲鑼打鼓雖熱鬧，畢竟無益）

說聲「我手腳不能自由，明日當行」，次日果然辭世他行，臉色如生，一道白氣在身上飄動。

韜光養晦，聖胎長養

大燈國師

（一二八二～一三三七）

從漢地傳到日本的禪宗諸派，
經鎌倉、室町時代分化為二十四流，
除了曹洞宗外，
臨濟宗各派連綿不絕傳到今天僅「應燈關」一流。
所謂應燈關，
是指大應國師、大燈國師和關山慧玄三位高僧，
而此一流派的核心人物即為大燈國師。

室町禪宗自夢窗國師與大燈國師出現後，大抵分爲兩個系統，一是主張禪教一致的南禪寺系統，比較接近室町幕府；另一是主張教外別傳公案禪的大德寺系統，比較接近天皇家。前者以夢窗國師爲開祖，後者則爲大燈國師所開創。

參透「關」字，雲門再來

大燈國師諱妙超，號宗峰，花園天皇賜號興禪大燈國師，後醍醐天皇賜封正燈國師；入寂後，又受六天皇追謚，一般稱爲大燈國師。

西元一二八二年，大燈生於播州揖西（今兵庫縣揖保郡），父浦上氏，母爲當地名門赤松則村之姊。父母曾向飾磨書寫山如意輪觀音祈禱求子，生下了大燈。書寫山有圓教寺，乃平安中期天台名僧性空所建。大燈出生即締下佛緣，本性虔誠，氣色逼人，與其他兒童不同。

一二九二年，大燈十一歲，登書寫山，師事戒信律師，十五歲已精通經論、律部與佛教史等；十七歲感受到強聞博記的界限，乃改求不立文字之禪；二十歲赴鎌倉，入建長寺求禪師問答自試，二十三歲遇佛國禪師於萬壽寺，終於落髮受具，爲佛國弟子，名妙超。佛國亦夢窗之師，但大燈與夢窗卻不曾見面。

獲許入門後，一天晚上，大燈在僧堂坐禪時，隔牆聽見某僧誦百丈之語，豁然有所省悟，乃見佛國，獲佛國認可。百丈語云：「靈光獨耀，迥脫根塵，宛露眞常，不拘文字。」意指眾人人格平等。依《傳燈錄》云，其後尚有「心性無染本圓明，若離卻妄緣，則如如佛」之語，意指本性如佛，可臻於絕對自由之境。大燈尋求突破學問界限的目標，得到了初步的完成。

但是，他對佛國的證辭仍有不滿，風聞大應國師（南浦紹明）依天皇敕令由九州崇福寺至京都，在佛國鼓勵下由鎌倉赴京都。大應曾入宋十年，傳徑山虛堂智愚之禪，回日本後，於九州布道約三十五年，有「西大應、東佛國」之稱。大應於京都萬壽寺開堂，二年後赴鎌倉住建長寺一年。大燈隨侍大應一年，參透公案兩百則；但在京都萬壽寺時，大應給予「雲門關字」公案，卻足足參了三年始參透。

大應給予「雲門關字」公案時，大燈曾即席以「以錯就錯」應對，但大應認爲未得深意，要他再細究。不久，大應往鎌倉。一日，大燈將「鎖子」拋至桌上，忽然省悟「關字」眞義。「鎖子」乃關門之鎖鑰，此鎖不論是僧堂的門鎖或師父的手箱之鑰，在日常生活中都極爲重要，卻常不經意地被拋至桌上。《行狀》說：「得到圓融無際、眞實諦當、大法現前處，汗流浹背。」看到圓融無限、最具體的眞理展現眼前時，嚇得渾身是汗！

大燈將「關字」祕密報告大應時，大應說「幾乎同路」，意指大燈、大應與唐末雲門文偃都同樣參透了「關字」。又說，「昨晚，夢見雲門大師入吾室。今日汝參透關

字，正是雲門再來。」

次日，大燈進呈雙偈，大意云：

一回透得雲關了，南北東西活路通。
夕處朝透無賓主，腳頭腳底起清風。

透過雲關無舊路，青天白日是家山。
機輪通變難人到，金色頭陀拱手還。

大應隨即給予印可：「我不如你，我的佛教將因你而興。今後，經二十年長養之後，可出世發表我的證言。」

一三〇八年十二月，大應於建長寺入寂，大燈前後五年的參禪隨之結束。他立即回京都，開始他五條橋下二十年的聖胎長養。所謂聖胎長養，就是愼重將母胎中的眞理之子養大。《仁王般若經》中說，養信心、精進心、念心、慧心、定心、施心、戒心、護心、願心、迴向心等十心，即是聖胎長養。大燈回京都後，就在賀茂川東岸，加入乞丐群，日夜刻苦修持，此即大燈五條橋下二十年的長養，讓其後的禪僧一休、澤庵、白隱等感動不已。

聖胎長養，刻苦修持

一三二六年，大燈獲花園法皇與後醍醐天皇皈依，出世爲大德寺開山，正好是夢窗在南禪寺開堂後一年。之前，大燈從東山的雲居庵移往紫野雲林院附近，結一小庵室，掛上大德匾額；得皇室皈依後，即將草庵擴張，僅立法堂，不作佛殿，稱大德寺。在大德庵時，從一三二三年四月到五月，前後四十日全心抄寫《傳燈錄》三十卷，後記自署「五月二十日野僧妙超寫」。

同年十二月，大燈夢見六羅漢僧勸他出世開法，大燈答稱：「仁義悉自貧處斷。」眾羅漢在他腦後寫道：「爲汝除貧肉。」而後離去。羅漢之意是，在赤貧如洗的生活中，根本不需要仁義之類的世俗倫理；表明了徹底的清貧生活與清澈的悟境。有謂六羅漢，乃六代傳承祖師。

數日後，大燈往訪大應之塔，與守塔之僧大光展開「心外有魔」問答。大光主張理論的開悟與階段性的修行，大燈始終強調頓悟，「吾宗僅論見性，不假次第修行。」他說，若以方便爲先，直指見性爲後，則達摩教外別傳之宗風不僅掃地而盡，一代藏經亦將失其意義，這是如如佛之理。

談到大燈，就不能不談到「正中宗論」。正中二年閏正月，在宮中清涼殿展開連續七天的宗教討論（宗論）。比叡山天台宗玄慧法印等九人，代表舊佛教；禪宗方

面，由南禪寺住持通翁鏡圓和大燈爲代表。玄慧問：「教外別傳之禪如何？」大燈答：「八角磨盤空裡走。」八角磨盤是八匹牛馬拖拉的大石臼，任何東西都會被它磨碎。對禪而言，它只能在空中回轉。

不久，一僧捧出一盒，大燈問：「此何物？」僧曰：「乾坤箱。」大燈取戒尺擊箱：「打破乾坤時如何？」僧默然而退，玄慧承認失敗。其實，宗論還論及俱舍、成實、三論、華嚴諸宗教義。

將禪落實於生活

大德寺開山後，大燈想傳述的是於日常生活中見道心。他曾引釋迦苦行成道的故實云：

一見明星雪重白，眼裡瞳人毛骨寒。
大地若無知此節，釋迦老子難出頭。

「此節」是指時節因緣，一年三百六十五天，都是此時節；換言之，天天皆可因緣見道，然而人人眼裡有瞳孔，卻很少人眞見明星之耀。所以，必須經過毛聳骨寒的修行，始能像釋迦見道。在與花園法皇的問答中，大燈又提出「億劫相別而須臾不離」之句。意指不相干的事物亦有其相干性，或者能與不相干處見相干，才能見道。花園法皇給大燈的偈裡即云：

二十年來辛苦人，迎春不換舊風煙。
著衣喫飯恁摩去，大地哪曾有一塵？

大燈經過二十年聖胎長養的苦修，而今擔任大德寺住持，依然過著乞丐般的清貧生活。其實，著衣喫飯，無論法皇、大燈或乞丐都一樣，只有二十年辛苦之人，才知大地無一塵之境。

大燈對弟子亦要求甚嚴：「汝等諸人，來此山中，爲道聚頭，莫爲衣食而爲。有肩無不著，有口無不食。只須十二時中，向無理會處究來究去。光陰如箭，謹莫雜用心。看取，看取！」換言之，衣食中無道心，道心中有衣食。在日常中不斷推究，始能見道心；有堅定的道心，才能像悉達多太子拋棄榮華富貴，入檀特山，大燈頌古詩云：

玉淵鑑月不知秋，夜靜方知波浪別。
自此相逢似路迷，崔嵬檀特硬如鐵。

總之，日常生活中著衣喫飯的修行，經常可破日常性之底，而與古今眞理相通。禪與生活相連結，乃日本禪一大特色。

一三三七年十二月，大燈寫下辭世歌：

截斷佛祖，吹毛常磨。

機輪轉處，虛空咬牙。

而後擲筆入寂，享年五十六。南禪寺住持大鑑清拙（元朝渡日的禪師）聽到他的偈詩，大驚道：「想不到日本也有如此明眼的宗師，平生不能見面，令人沮喪！」當時因政治理由，南禪寺和大德寺不能公開往來。大鑑只得遣兩名弟子赴大德寺向大燈遺體拈香，自己則率門下到南禪寺門前，朝西北的大德寺方向禮拜。

一般認爲，臨濟禪到大燈始脫離密教機制而朝公案發展，跟夢窗系統有別。另一方面，禪落實於生活，也自大燈始。日本佛教學者柳田聖山指出，發生於中國的禪宗至此，已完全成爲日本人之禪。德國文學家赫塞說：「禪宗起於印度，開花於中國，而結實於日本。」亦即禪宗在日本，已逐漸落實於日常生活中。

癲狂與純真
禪僧一休
（一三九四～一四八一）

在一休看來，人間世是癲狂；
在世人看來，不合乎世俗規範，即是癲狂。
其實，覺醒的癲狂並不是癲狂，
世人拘於世俗假相，以假為真，才是癲狂。
一休的故事，道出了禪宗的要義。

在日本庶民世界裡，一休和尚極受歡迎，更以機智聞名，有一則故事可以充分表達一休的機智。室町幕府第三代將軍足利義滿聽說一休爲人機靈，乃想試探他一下，便派人請一休到府邸。一休抵達時，玄關屛風畫了一隻大老虎，從竹林中凝視著一休。此時，義滿對他說：「這隻老虎凶暴無比，眞傷腦筋，你用繩子把牠綁起來！」

周圍的人聽了，都認爲要綁住屛風上的老虎決不可能，一休再怎樣機智，也不容易有令人滿意的答覆。一休毫不以爲意，捲起袖子，綁上頭巾，手拿繩子說：「將軍，我已經準備好了，請你把老虎趕出來！」將軍義滿聽了不禁哈哈大笑，不愧是機智的一休。

《一休和尚年譜》指出，一休西元一三九四年一月一日生於京都，父親是後小松天皇，母親出自世家藤原氏。世間相傳母親叫藤原照子。照子出仕天皇，爲天皇所寵愛，卻日日懷著小劍，圖謀刺殺天皇。被發覺後，照子乃逃出宮廷，潛往嵯峨野，於元旦生下了一休。

一休母親意圖刺殺天皇，年譜說她有「南志」，意思是說她傾向南朝，是南朝派來暗殺天皇的奸細。一三三三年鎌倉幕府滅亡，後醍醐天皇中興皇室，史稱「建武中興」；一三三六年武士不滿後醍醐天皇所爲，起來反抗，後醍醐天皇逃亡吉野，是爲南朝；足利幕府開創者足利尊氏在京都另立天皇，是爲北朝。

入寺院爲僧

南北對抗之局一直持續到一三九二年，在三代將軍足利義滿逼迫下，南朝後龜山天皇將皇位象徵的三種神器——鏡、劍、玉——讓給北朝後小松天皇，皇室復歸於一。這是一休年譜所謂照子「有南志」的原因。但近年研究則認爲照子不是南北朝之爭的犧牲品，而是天皇與將軍之爭的結果，而且在這當中一休扮演了非常重要的角色。

將軍義滿不時想讓足利家取代皇家，他未必想要自己攘奪皇權，而是要讓天皇沒有繼承人，然後讓自己寵愛的兒子做皇家的養子，進而爲皇太子。所以，後小松天皇的長子一休就不能生活於宮廷，與母親一起被逐出宮廷，母親隱於嵯峨野，過著孤獨的隱居生活，一休則被送入寺院爲僧，義滿也一直防他還俗。當時，庶民間已傳說一休是後小松天皇流落民間的皇子。

一休六歲時被送入京都安國寺，其後經天龍寺，十三歲時入建仁寺。天龍寺與建仁寺均屬京都五山。五山制起於中國南宋，鎌倉時代傳入日本，到室町時代，經種種變化，於一三八〇年將鎌倉的建長寺、圓覺寺、壽福寺、淨智寺和淨妙寺列爲「鎌倉五山」，而將京都的南禪寺、天龍寺、建仁寺、東福寺、萬壽寺等禪寺稱爲「京都五山」。一三八六年，建相國寺，將之排名爲五山第二。一休走的是禪僧之路，入建仁

寺之後，即跟慕哲龍攀學漢詩。這期間，對禪寺的腐化與寺僧的俗氣極端反感，一休曾有一首漢詩，描寫當時的禪寺情境：

說法說禪舉姓名，辱人一句聞聲呑。
問答若不識起倒，修羅勝負長無明。

出家修行理應忘家勤修禪行，但所見俱以出身家庭爲豪，更見長輩僧侶侮辱晚輩的門第。修禪未見正道，反而讓無明長存。對禪門的淫亂，也極端反感，他描述禪寺的男色狀況：

少年十五如月出，一笑紅顏似花開。
木石無心世上多，嗚呼是此玉瑕哉！
……
淫亂天然愛少年，風流清宴對花前。
肥似玉環瘦飛燕，絕交臨濟正傳禪。
……
臨濟門派誰正傳，風流可愛少年前。
濁醪一盞詩千首，自笑禪僧不識禪。

一休無法忍受寺門的腐敗，乃轉移到不求名利唯修禪道的隱居和尙謙翁宗爲門下，謙翁爲人嚴謹，以無所依附的禪風聞名。一休在他門下五年，過著清貧無比的生活，拚命修習佛家內典與俗家外典。

二十一歲時，謙翁去世，一休頓失心靈支柱，回到母親身旁，旋即離去，在大津石山寺閉關七日，依然身心不寧，欲投琵琶湖自殺。母親察覺兒子心身不定，恐其尋短，乃遣人送書給他：「死非孝，生猶有得道之日。」母親至嵯峨野即修淨土，而且時與謙翁有所來往。一休孺慕之情也從《狂雲集》（一休的漢詩集）〈陳蒲鞋〉可以看出：「賣弄諸人瞞萬方，德山臨濟沒商量。沾槌豎拂非吾事，只要聲名屬北堂。」北堂是指母親居處，亦指母堂。陳蒲鞋是黃檗希蓮的法嗣睦州道蹤，俗姓陳，他背負母親托缽，掛草鞋於屋簷，賣與路人，以謀生計，故稱陳蒲鞋。這首詩寫陳蒲鞋，也寫自己，一切作爲都是爲了母親。母親能一言阻止一休投湖自殺，想必與此孺慕之情有關。

聞鴉鳴而頓悟

出家如在家，「平常心即是道」。第二年，一休到琵琶湖北岸堅田的祥瑞庵拜華叟宗曇爲師。華叟也過著無比清貧的生活，一休做副業以謀衣食之資，冬日太冷則至湖邊坐上相識漁夫之漁船，裹粗草蓆坐禪，過著日本曹洞宗祖師道元所說「學道者當貧」的生活。

二十七歲，在漆黑的琵琶湖上搭船坐禪時，聽烏鴉一聲嘶鳴，一休頓悟，他想起和歌中有云：「得聞烏鴉闇黑不鳴聲，未生前父母誠可戀。」烏鴉不會在闇黑中鳴叫，卻在黑暗中鳴叫，讓他想到未出生前的父母。出生前的未分別智才是自己的本源實相。禪修的目的是拂去纏身的塵埃，回歸眞實的自己，《狂雲集》〈聞鴉有省〉云：

豪機瞋恚識情心，二十年前即在今。
鴉笑出塵羅漢果，日影玉顏奈何吟。

黎明，一休見華叟，敘述所悟心境，華叟承認一休已悟，欲給予印可。一休對印可連看都不看，逕自離去。十餘年後，華叟想經某人將印可交給一休。一休不僅沒有接受，還把印可撕毀燒掉。印可皆身外物，對回歸眞我無益，而且當時社會只追求外在認可的印可，充滿了虛僞。一休燒毀印可，也可以說是對這種虛僞禪宗社會的一種抗議。

二十九歲時，大德寺舉行華叟之師言外中志的三十三回忌日法會。一休陪師華叟參與，眾僧華衣威嚴參與，唯獨一休布衣，且草屐龍鍾，華叟責問：「爲何毫無威儀？」一休回道：「余獨潤色一眾。」否定虛僞外飾的法衣數珠。法會結束，華叟在西廂休憩，某僧問華叟百年後，誰爲繼承人，華叟回道：「雖說風狂，卻有箇純子。」一休雖風（癲）狂，欲是純眞之人，意指一休是他的繼承人。一休也風狂地說：

華叟子孫不知禪，狂雲面前誰說禪。

三十年來肩上重，一人荷擔松源禪。

自許爲華叟唯一的繼承人。他認爲臨濟、楊岐、松源、虛堂一脈相承的唐宋純粹的禪，傳到日本後，由大應經大燈、徹翁、言外，傳至華叟，華叟的傳人非一休莫屬，非癲狂之人很難說出這樣眞實的話語。

每次上街，一休都腰插木劍，街上的人見了問他：「劍是要來殺人，和尚是要活人，爲什麼還帶劍？」一休回說：「你們不知道，現今各地多的是假和尚，這些假和尚就像這把木劍。在禪室時，就像這把入鞘的木劍，看來有如眞劍。可是一走出禪室，就像離鞘的木劍，一點用也沒有，連殺人都不可能，更不用說活人了。」

撻伐物欲生活

一般認爲，一休入華叟之門後，才開始風狂，華叟才說他「風狂」。的確，自大德寺法會後，他就開始他的漂泊之旅，餐風飲露，雲遊各方，自稱「狂雲子」，所寫的漢詩集也叫做《狂雲集》。

一四三六年，一休四十二歲，生父後小松上皇（後小松天皇一四一二年讓位於稱光天皇，爲上皇）去世，一休更加沮喪，行爲愈發癲狂。對當時經濟發展所帶來的物欲生活，更加撻伐。他痛罵師兄養叟，養叟長他二十餘歲，有經營長才，擁有許多徒

眾，以大德寺爲中心，大爲發展。大德寺不屬室町幕府所定的五山官寺，反而可以爲所欲爲。他痛罵養叟：

出林富貴五山衰，只有邪師無正師。
欲把一竿作漁客，江湖近代逆風吹。

——一休《自戒集》

詩中，出林指的是大德寺，江湖則指人間世，逆風意謂禪宗頹廢。一休罵養叟一罵數十年。養叟從朝廷取得宗慧大照禪師封號時，一休罵道：

紫衣師號何家貧，綾紙青銅三百緡。
大用現前贗長老，看來真箇普州人。

這是《狂雲集》中的一首漢詩，詩中所說的「普州人」是指小偷。不僅罵頹廢的禪師禪寺，更罵善於經營斂財的將軍夫人日野富子：

財寶米錢朝敵基，風流兒女勿相思。
扶桑國裡安危苦，傍有忠臣亂心絲。

十五世紀的日本經濟雖發展，整個社會卻洋溢著「下剋上」的亂局。虛僞與物欲，在一休眼中是當時社會混亂的根源。一休對當時社會的批判爲當代與後代生活困窘的庶民道出了心聲，因而留下了許多故事或傳說。

裝瘋道人間實相

他聽說京都有一個知道治喉病妙方的老人，便請求老人務必教他，老人說：「可以，但這是家傳祕方，決不能告訴他人。」一休答應了，老人也告訴他祕方。一休卻將祕方內容寫在木牌上，立於交通要衢，老人知道了大爲生氣，一休說：「不錯，我答應你不說，但我可沒答應你不寫啊！」這是對祕傳主義的批判。

據說，京都商家元日三天都要關起大門。因爲這三天一休在竹竿上頂著髑髏，沿門挨戶叫著「小心！小心！」商家怒罵：「難得的元旦，卻觸了大霉頭。」一休說：「不，你看這髑髏，眼睛飛走，成了虛空。這才叫眼出，才眞恭賀新禧啊！」眼出日文叫「目出」，「目出」是恭禧之意。一休突顯了人間世不知明日是否命猶在的無常，要人張大眼睛觀看超越死生的世界。不過，對京都人而言，確是不吉利，難怪要關起大門。日本有一首假託一休所寫的和歌云：

正月冥途旅程一里塚
可喜復可賀

癲狂與純眞是一體兩面。在一休看來，人間世是癲狂；在世人看來，不合乎世俗規範，即是癲狂。其實，覺醒的癲狂並不是癲狂，而是裝瘋道出人間實相。世人拘於世俗假相，以假爲眞，才是癲狂。一休的故事，道出了禪宗的要義。

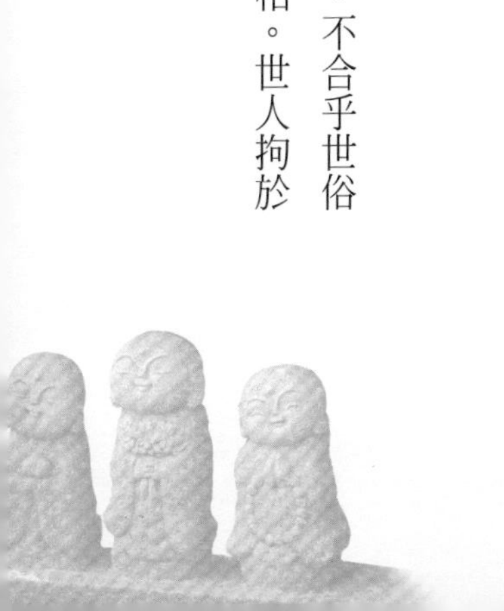

日蓮宗的硬頸上人

日親上人

（一四〇七～一四八八）

日親堅持純粹的法華思想，卻不見容於同門，
而被逐出教門，與日蓮宗始祖日蓮有著相同的遭遇，
卻激起日親的傳道之心，諫曉當權人士，
即使被捕下獄也不退縮，
後來建立本法寺，做為日親教派的活動據點，
寺院曾被毀，最後還是重建，發展更勝從前。

日本西元十五世紀室町時代最活躍的三位僧侶，分別是禪宗的一休宗純、淨土眞宗的蓮如和日蓮宗的日親。

日親，一四〇七年生於上總國埴谷（千葉縣山武郡山武町）。日蓮宗始祖日蓮即生於房總半島，房總半島當時分爲安房、上總、下總三國。日親幼名寅菊丸，他的父親是當地豪族，名爲埴谷法義。在東國（關東）武士中，寅菊丸與哥哥千代壽龍丸是當地剛壯、直腸子的少年武士。

未來法華經寺住持人選

十歲時，寅菊丸與哥哥千代壽龍丸一起進埴谷的妙宣寺，拜住持（日蓮宗稱貫首）日英爲師。日英本是下總國中山（千葉縣市川市）法華經寺的和尚，應豪族埴谷氏之邀，赴埴谷開設妙宣寺，爲貫首。

埴谷氏，原先是關東管領上杉氏的家臣，於南北朝初期皈依日蓮宗。一三六一年，中山法華經寺三世日祐授埴谷左近將監曼荼羅本尊，埴谷氏將此本尊置於邸內的持佛堂。一三九〇年，持佛堂發展成妙宣寺，恭請日英爲住持。當時，東國武士都有自己的寺院，稱爲氏寺，住持大都由本宗的子弟出任。從這點看來，日英也許出身埴谷族人。寅菊丸兄弟進入妙宣寺，恐怕是爲了培養他們成爲法華經寺的住持。

法華經寺是由若宮的法華寺和中山的本妙寺組成，法華寺是日蓮的信徒——富木常忍於日蓮去世後出家，稱爲日常，並以自己的邸宅爲寺院。日常之後繼任貫首的是日蓮的弟子——日高。日高的父親也是日蓮的信徒——太田乘明，太田氏將邸宅贈送給日高，稱爲本妙寺。日高住本妙寺，兼任法華寺住持；此爲兩山一主制，代代相傳。

日高在世時，已獲下總國有力武士千葉胤貞皈依，到日高後的第三世日祐時代，發展更爲神速。繼任法華本妙二寺（通稱法華經寺）的貫首是太田一族的最高領導者；奉法華經寺爲本寺，其下形成的中山門流，住持也仿法華經寺稱爲貫首。

一四一七年，日英將日蓮以下歷代宗師的曼荼羅本尊和聖教（聖者所說之教法）等，贈予千代壽龍法師（後稱日國）和寅菊丸（其後的日親），三年後又贈給兄弟兩人佛書和日蓮著作，要他們互相切磋，用心修學，以報三世佛恩。日英去世，法華經寺也進入第七代貫首日有的時代。

日親的修學情形，並沒有留下多少資料，只能從他的著作《折伏正義抄》、《立正治國論》和《傳燈鈔》等，窺見一斑。總之，二十一歲時，他已覺學有所成，開始踏上傳道之路。相傳，他先到京都，後赴鎌倉；在京都以妙法寺，在鎌倉以妙隆寺爲傳道據點，兩寺皆日英所建。

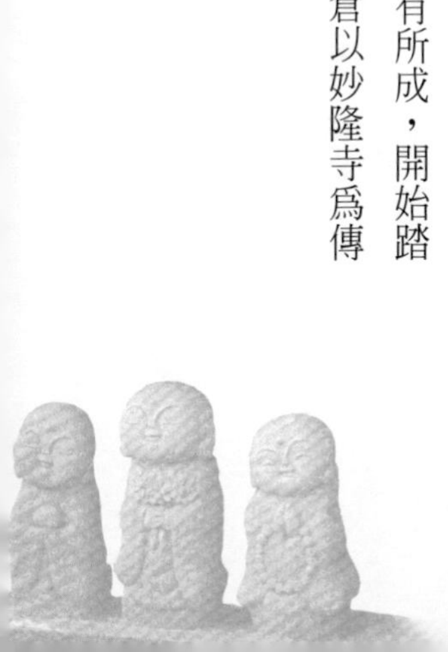

堅持法華思想，反被逐出教門

一四三三年，日親二十七歲，被法華經寺貫首日有派到九州擔任九州總導師，住在肥前國（佐賀縣）小城。小城是法華經寺勢力所及的地方。鎌倉時代，千葉賴胤（東千葉氏三代）被派到九州防禦外族，而從下總到了九州。蒙古入侵時，他在戰鬥中受了傷，不久去世。從此，千葉氏分成九州和下總二家系。

法華經寺獲千葉家皈依後，第二代貫首日高派日嚴到肥前傳道。法華經寺在肥前的據點是小城郡的光勝寺，住持是肥前的最高領導者，但要受法華經寺派來的九州總導師節制。

日親到九州後，發現各支系寺院名爲日蓮宗寺院，卻不是《法華經》的純粹信仰，還保留了許多日蓮宗以前的信仰，如清水東谷的本尊是觀世音菩薩、自在寺的本尊爲藥師如來，都跟日蓮宗無關的佛菩薩。領主千葉胤鎮雖信奉日蓮宗，卻任憑天台宗的岩藏寺、禪宗的圓通寺擴張勢力。

日親認爲應撤除岩藏等寺與《法華經》無關的佛菩薩，改置日蓮宗的本尊；並指責千葉胤鎮「違反法華大經的金言」，要求貫首日有命令胤鎮改變當地信仰狀況，否則將胤鎮逐出教門。結果卻出乎日親意外，被逐出教門的不是胤鎮，而是日親自己。日蓮親筆畫的曼荼羅、親筆寫的聖教，還有歷代先師的本尊，都被沒收，他眞正體會了祖師日蓮被逐出清澄寺的苦境。平時敬重日親的門徒一夕之間態度全變。

但是，日親並沒有因此沮喪，反而進入全新積極的實踐活動。一四三八年，他留下《折伏正義抄》給光勝寺及其信徒。書中，指出法華經寺教團的矛盾，並嚴批貫首日有的態度，認爲《法華經》行者的行動應是「身輕法重，死身弘法」，因而決心去進行「佛法的訴訟」。

日蓮去世後，日蓮教團的領導者都曾模仿日蓮向執權（鎌倉幕府最有權力的官員，地位次於有名無實的將軍）北條實賴呈獻《立正安國論》的故事，直接向天皇或將軍呈獻教義，要求他們信奉《法華經》。向天皇直接陳訴，稱爲「天奏」；向將軍陳訴則稱爲「諫曉」。日親所說的「佛法訴訟」，就是指這一類「天奏」、「諫曉」。

諫曉不成，被捕入獄

一四三九年五月，日親至將軍足利義教府邸陳訴，被逐出十三次，或被留置，諫曉不成。第二年五月，幕府要在鹿苑院殿（第三代足利將軍義滿）三十三周年忌日，舉行盛大法會，日親有意趁此諫曉，乃於二月執筆寫《立正治國論》。《立正治國論》是模仿日蓮《立正安國論》寫成，以一問一答的方式展開佛法正邪、爲師善惡的論述，並強調信仰《法華經》可救度眾生，同時攻擊「十宗邪義」。

日親的行動因日有的控訴爲幕府所知，於是加以拘捕下獄，日親遭受到種種酷刑，其中最有名的就是把燒紅的鍋子戴在日親頭上，日親因而得到「冠鐺日親」的稱號。受到這些法難，他依然沒有屈服，始終貫徹《法華經》信仰。一四四一年，將軍足利義教爲赤松祐滿所殺，日親獲赦，又走上傳道之旅。

出獄後，到一四七〇年間，據他的著作《埴谷抄》所述，他往返京都、鎌倉共十五次，往返京都、九州六次，更在佐渡（今新潟縣）、近江（今滋賀縣）、加賀（今石川縣）、備後（今廣島縣）、備中（今岡山縣）、出雲（今島根縣）等地建寺，宣揚《法華經》教義，足跡遍及日本的三分之一。

所到之地，皆欲以論辯折服（稱爲折伏）各宗派僧侶與信眾，令其改宗，當然也因此遇到各宗派的反擊，受到種種迫害。但是，他愈受迫害，傳教愈熱心，信眾也愈多，一生建寺三十多所，每建一寺，即贈於曼荼羅本尊，日親也被奉爲開山祖師。

興建本法寺，做爲活動據點

以日親爲開山祖師的寺院，大多集中於肥前。當日親以九州總導師身分赴九州時，曾遭遇千葉胤鎮和法華經寺賞首日有的排斥，後來獲得胤鎮及其子元胤的皈依，奠下了肥前的信仰基礎。但是，日親的折伏傳教，引起其他宗派的不滿，幕府對他的傳教方式也有所誤會，決定加於科罰，乃下令將他從九州押解到京都下獄。

在獄中，他認識同樣繫牢的本阿彌本光，本阿彌氏以幕府第一代將軍足利尊氏的刀劍奉行妙本爲祖，其後本阿彌家以刀劍的鑑定、磨礪和淨拭爲本業，出仕足利幕府。本阿彌本光原名清信，是本阿彌家的第六代。日親和清信在獄中經常論辯，清信認爲末世的「依正」（註1）局限在法華，日親應機化解。清信因此產生如來信仰，與日親結兩世緣，爲日親的大檀越，日親賜以本光之名。

一四六四年，將軍義政生母日野重子去世，幕府大赦天下，兩人得以出獄。本阿彌家是京都町眾的有力之士，在藝術界也頗爲有名，到子光悅那一代，更在刀劍與書畫的鑑定上聲名遠播。日親在京都得此大檀越，建立了更堅實的信眾基礎，本阿彌家也依法華信仰而團結。

日親於一四三七年被中山門流逐出門牆，欲向將軍諫曉之後，開始在京都展開傳道活動，次年於四條綾小路興建本法寺，做爲日親教派的活動據點。一四六〇年爲幕府所毀，第二次出獄後，在大檀越本阿彌家支持下意圖重建本法寺。一四八四年，制定本法寺的寺內規則〈本法寺法式〉，共二十八條，對「勤行」、「他出」、「坊舍」、「入眾」、「席次」都有詳細規定。當時，本法寺已是擁有眾多僧侶的組織，也建了許多住坊，必須有規則加以約束。

一四八八年，日親已過八十，九月十九日召日澄、日淳、日敬、日憲等門徒，告

知自己今日將圓寂，遺言本法寺交由九州博多法性寺日祇主持，其他寺院則大家分擔負責，希望勤修傳道。然後，向掛在枕前的曼荼羅本尊合掌，與釋尊入滅時一樣，緩緩躺下，結束了他的一生，享年八十二。

註1：即依報與正報。依報，即指依於正報而受相應止住之所的果報，如受人間之正報者，則必有與其相應之家屋器物等依報；受畜牲之正報者，則必有與畜牲相應之巢穴等依報。

淨土真宗中興之祖

蓮如上人

（一四一五～一四九九）

蓮如上人活躍的時代，
正是日本戰亂，
行將進入戰國時代之初。
他強調只要一心念佛，
即可成佛，往生淨土。
其簡樸、平等的教義，
為現在日本本願寺教團打下基礎。

日本佛教中，淨土眞宗可以說與其他教派相當不同。淨土眞宗僧侶可以肉食帶妻，這與西方基督新教的牧師相彷彿；但與基督新教或其他佛教教派不同的是，淨土眞宗的法主大都由有血緣的親鸞子孫繼承，所以親鸞子孫一出生即是僧侶。

眞宗發展概況

親鸞是淨土眞宗的創教者，守護親鸞「御影」的本願寺在理論上是淨土眞宗的「總本山」，但是在蓮如上人以前，本願寺極爲蕭索，「人跡已斷，無人參拜」（「本福寺跡書」），在當時佛教界可謂絕無僅有。京都東山本願寺的阿彌陀堂極端狹隘，僧坊更是狹小。親鸞之後的第六代法主巧如和他的兒子存如（後來的第七代法主），就住在這樣蕭索的本願寺裡。

傳遞親鸞香火、維護親鸞遺骨的本願寺如此蕭索，眞宗的其他宗派卻非如此，例如親鸞弟子的第五代傳者如道在越前（今福井縣）足羽郡大町建立寺院，以傳授「祕事法門」爲主，被稱爲「大町門徒」；接受其餘緒的越前大寺，如山元派證誠寺、誠照寺派誠照寺和三寺徒派專照寺等，莫不香火鼎盛。所謂「祕事法門」，就是僧侶和門徒在夜間進行咒術性的法事，以保證死後可往生淨土。

另一香火鼎盛的眞宗教派是佛光寺。佛光寺據稱是眞宗始祖親鸞所建，本在京都郊外山科，原名興正寺；到第七代住持了源遷到京都汁谷，改稱佛光寺後，信徒增加迅速，成爲重要寺院。了源本非僧侶，也非生於親鸞門下的世襲寺院，因師事眞宗第三代住持覺如並建佛光寺，而被認爲系出眞宗。由此觀之，佛光寺始祖應是了源而非親鸞，也非從山科遷來。爲了歸宗於親鸞，佛光寺乃將第一代法主歸於親鸞，了源就成了第七代佛光寺住持。

佛光寺所以能集聚眾多信徒，乃因主張信徒生前與阿彌陀佛訂立契約，死後即可往生淨土，其方式是「名帳」與「繪系圖」。名帳是將親鸞系下門徒名字的信仰系絡以縱線連接起來，作爲往生淨土（「信心決定」）的證明。進入佛光寺，就如與阿彌陀佛簽訂契約，可保證往生淨土。

繪系圖是將親鸞圖像直至了源各代的圖像做成系圖，信徒登錄於系譜圖上，即可保證往生淨土。這跟「祕事法門」作法並沒有太大差異，兩者在眞宗門派中卻大爲繁昌。

然而，從親鸞的教義來說，兩者都是旁門左道。親鸞繼承法然的念佛觀點，念佛是念佛之心一起，即沐浴於阿彌陀佛的光明中而獲救；念誦「南無阿彌陀佛」，即是表示爲阿彌陀佛所救的歡喜、感謝之聲。總之，這是個人與阿彌陀佛一對一的關係。

親鸞在「和讚」（日語佛讚）中說：「念佛成佛即眞宗，萬行諸善乃假門。」所謂眞宗（眞實的宗教），是指相信阿彌陀佛的本願而念佛成佛。但是，成佛並不是成爲阿彌陀佛，而是爲阿彌陀佛所救，來往於淨土。所以，在親鸞的念佛中沒有任何媒介物，也不需要任何媒介物；以「祕事法門」或「名帳繪系圖」爲中間媒介，保證往生淨土的可能性，都是違反親鸞本願他力的宗教特質。

佛光寺等眞宗門派大行其道時，親鸞一脈相承的本願寺系統卻門可羅雀。西元一四一五年二月，蓮如上人出生於京都東山的本願寺。父親存如是本願寺第七代法主，當時年二十，尚未娶妻，但與寺內使女有染而生下蓮如。然而，其母因身分之故，不能做存如的妻子。

蓮如六歲時，母親探知存如將娶新婦，乃讓蓮如穿上小鹿花紋的和服，讓畫師畫下兒子的畫像，裱好後抱著沉睡的六歲兒子。蓮如不知蕭索寂靜的午夜，將是母子永遠分離的時刻；次日醒來，母親已消失無蹤。

不久，父親存如迎娶名門之女如圓爲妻，生下了三女一男。如圓希望自己的親生兒子應玄能夠繼任本願寺法主，對庶出的蓮如自然不會有好顏色，蓮如就在如此冰冷的家中成長。

以「御文」傳教

十五歲時，蓮如發願要本願寺成爲眞宗甚或全佛教界的王者。他發此願，是因爲他認爲在貧困的生活沒有餓死，乃阿彌陀的恩典，因此必須完成兩件工作，第一是念佛以感謝阿彌陀如來的佛恩；第二是爲報謝佛恩，必須宣揚念佛之道。使本願寺成爲全佛教界的王者，就是念佛謝恩的表徵，此即眞宗「信心決定」的本願。

爲了實踐此一「信心決定」，蓮如必須讓室町時代的民眾分辨出何者是親鸞眞傳？何者是親鸞旁門？

首先，他分析研究佛光寺等眞宗門派——他眼中的異端旁門流行的原因，進而研究親鸞思想的眞諦。對當時年僅十五歲的蓮如來說，他所能做的是研讀親鸞的著作。親鸞的著作中，最重要的是《教行信證》，以及本願寺創建者覺如（第三代法主）的長子存覺所寫的《教行信證》注釋書《六要鈔》。

蓮如不僅精讀這些著作，還把所讀的書一字一字抄錄下來，並一再反覆閱讀。因窮得買不起燈油，只能到街上買「黑木」替代，日夜勤讀，封面也因而破損。這些教典經義後來都轉化爲一般人看得懂的「御文」——蓮如所寫的書信。他藉此來傳教，說：「御文是凡夫往生之鏡，以最淺白之文字，表達最深刻之教義。」又說：「觀其形，則如法然之直說；聽其詞，則爲阿彌陀如來之直說。」蓮如以書信作爲傳教的媒介，不僅讓門徒信眾得以分辨眞宗眞傳與旁門的基礎，也給他莫大信心。

如前所述，眞宗僧侶可以肉食帶妻。蓮如二十八歲娶妻如了，共生了四男三女。生下幼子後，如了去世，蓮如又娶如了之妹蓮祐爲妻，生下三男七女。蓮如八十五年的生涯中，共娶五妻，個個先他而逝，留下十三男十四女。這些子女除老大順如與他和妻子在本願寺過著貧窮的生活外，都送到其他寺院寄養。這些子女長大後都到各地本願寺派的寺院當住持，成爲本願寺向日本各地發展的基礎。

一四五七年，父親存如去世，享年六十二；時蓮如四十三歲，異母弟應玄二十五歲。存如生前雖想將法主寶座讓給蓮如，但沒有實現。死後，由嫡子應玄繼任法主，家人和相關人士都沒有人反對。但在就位前不久，存如之弟、蓮如之叔如乘突然大力反對，積極遊說存如家人與相關人士，大家後來接受這位在加賀（今石川縣）和越中（今富山縣）等北陸地方極具影響力的住持意見，把蓮如推上本願寺第八代法主的寶座。

如圓、應玄母子失望之餘，將地窖中僅有的一桶味噌和錢一貫帶走，逃至加賀國。蓮如就任法主時，本願寺可說已空無所有，從零出發，他按照十五歲以來所規畫的傳教藍圖，展開傳教工作。五年之中，本願寺的勢力就擴充到琵琶湖一帶，以湖畔的堅田本福寺爲據點，獲得許多商人認同，形成有堅固信仰與組織的念佛集團，將眞宗傳播到近畿一帶。

一四六二年，蓮如向這些徒眾發出「御文」，文云：「親鸞聖人設立的淨土眞宗所教化的主旨，乃以信心爲根本。換言之，捨棄各種雜行，一心歸命彌陀，以不可思議之願力，由佛決定我們的往生，以此可釋『一念發起，入定正之聚』之經義。此情境下的稱名念佛，就是感謝如來決定我們往生之恩典的念佛。」

我們知道，淨土宗是以「淨土三部經」（《大無量壽經》、《觀無量壽經》和《阿彌陀經》）爲所依經典，而且三部經皆同等；親鸞所依亦同，但他不認爲三部經皆同等，而以《大無量壽經》爲眞實之教，其他二經爲眞實與方便之門。因此，《大無量壽經》的四十八願中，他跟淨土宗始祖法然一樣，將第十八願視爲「王本願」；但與法然不同者，法然將其他四十七願視爲「忻慕之願」，親鸞則將之分爲「眞實之願」與「假之願」。

「王本願」不僅是淨土宗的根本，也是淨土眞宗的根本。換言之，阿彌陀佛在尚未成佛前的法藏菩薩時，曾許下四十八願，願有所成就，他才願意成佛。

其中第十八願最爲根本，云：「設我得佛，十方眾生，至心信樂，欲生我國，乃至十念。若不生者，不取正覺。唯除五逆誹謗正法。」第十八願的成就文則是「諸有眾生，聞其名號，信心歡喜，乃至一念，至心迴向，願生彼國，即得往生，住不退轉。」此一成就文中的「至心迴向」一詞，一般都將主語定在眾生，意即眾生衷心發願向佛。親鸞在《教行信證》〈信卷〉中，卻將之釋爲「佛至心迴向眾生」，進行主語的倒轉，意指眾生念佛，阿彌陀佛即許其往生。蓮如的前述「御文」，即在解釋親鸞此一意旨。

強調一向念佛

眞宗教義在琵琶湖一帶逐漸獲得信眾之後，爲比叡山延曆寺山僧所忌，山僧聯合馬借（出租馬匹者）於一四六五年襲擊京都東山的本願寺，並加以焚燬。蓮如帶著親鸞祖師像逃至堅田，後又移往大津，但仍不時受比叡山僧攻擊。

爲了避免與比叡山僧無謂的衝突，乃遠離京都及其附近，將據點遷往越前國與加賀國邊界的吉崎。吉崎是北陸地方的交通要道，適於向北陸地方傳教。從這時起，「御文」的數量逐漸增加，顯示信眾愈來愈多。教勢從越前往北擴大到能登、越中和加賀，往東則擴展至信濃與奧州，出家或在家男女門徒不時成群至吉崎訪蓮如。

北陸一帶的村莊也以本願寺末寺的僧侶爲中心結成念佛組織，形成極大勢力，不時與世俗的政治勢力相衝突。蓮如爲此曾以「御文」的方式禁止信眾到吉崎參拜，並頒布六條禁令，其重點是不得毀謗其他教派與神社，不得背棄王法等。目的希望眞宗信徒要有「他力信心」、「一向一心念佛」，不要和其他宗派與政治勢力發生衝突。

但是，政治勢力見眞宗發展快速，威脅到自己的權力，反而襲擊眞宗組織，終於引發北陸一帶的「一向一揆」，甚至由眞宗信徒聯合農民組成新政府（眞宗強調一向念佛，故亦稱「一向宗」；一揆本意爲團結，後來成爲「集團暴動」的異詞）。

一四七五年，蓮如爲避免吉崎的政教衝突激烈化，由海路離開吉崎，到近畿的河內出口；一四七八年，決定在京都山科建立本願寺，一四八三年完工，移居於此。蓮如在《正信偈大意》中說：「此如來乃方便法身。爲方便，乃顯其形，示其名，以示眾生。此即阿彌陀佛，此如來是光明，光明是智慧，智慧乃光之形。若智慧無形，即爲不可思議佛。」這段話也出於親鸞的《一念他念文意》。阿彌陀佛是光，光會平等普照眾生。

一四六四年的「御文」中，蓮如很明白地解釋阿彌陀佛的本願。他認爲，「十惡五逆的罪人或五障三從的人，只要有他力大信心，都可往生眞實的極樂報土。所謂有信心，就是毫不留戀地捨棄所有雜行雜修與自力，一心歸向彌陀，毫不懷疑，此即眞實信心。彌陀知道這樣一心依持、一向皈依的眾生，而大放光明，將他們包涵於光明中，使往生極樂。此即攝取念佛眾生之謂。從此終生念佛，即是報謝佛恩的念佛。」

因此，只要一心念佛，即可成佛，往生淨土。通常，淨土之上常冠以極樂，極樂在蓮如而言是「接受無上之樂」的場所，是可以成爲「美麗之佛」的場所。所以，死後往生淨土，是由彌陀迎接到極樂淨土，成爲「美麗的佛」。換言之，凡人無論男女，即使生活在煩惱的世間，只要相信阿彌陀佛的本願，一心念佛，即可成佛。

在蓮如簡樸平等的教義與佈教下，一四九九年在京都山科本願寺往生時（享年八十五），有門徒數萬人到山科瞻仰遺容。據云，目前眞宗教徒約有兩千萬人。

近世名僧

滅卻心頭火自涼

快川禪師

（一五〇二～一五八二）

禪宗傳到日本，
發展出有文化特色的日本禪，
但禪的精神是不變的，
讓心安住，不隨境轉，
即使面臨死亡時，
快川禪師仍高唱著：
安禪不必須山水，
滅卻心頭火自涼。

「滅卻心頭火自涼」本出自《碧巖錄》（註1），在日本卻因快川禪師臨終時的唱偈，而風行於日本，也成爲快川禪師有名的遺言。

快川禪師是日本戰國時代（註2）的臨濟宗禪僧，西元一五〇二年生於美濃國（今岐阜縣），本名快川紹喜，父祖輩乃美濃國守護（室町時代國的首長）土岐氏的族人。後入美濃天衣寺出家，接著跟隨崇福寺仁岫宗壽禪師修行，更成爲仁岫和尚的法嗣。後來轉往居住京都妙心寺，習得關山派的禪風，也大大地影響快川禪師的禪修。

嚴謹的關山派禪風

妙心寺是臨濟宗妙心寺派的本山，此派開山祖師便是關山慧玄，所以也稱關山派。關山慧玄是日本鎌倉時代到南北朝時代的禪師，一三〇七年在鎌倉建長寺奉大應國師爲師，大應授僧名慧眼，大應逝後繼續於建長寺參禪三十年。後聞大燈國師之名，赴京都大德寺，大燈國師授以「關山」之號，並將慧眼改爲慧玄，而稱關山慧玄。

關山慧玄後來隱居於美濃國。花園法皇捐出自己在京都西邊的離宮，迎接關山慧玄到來創立妙心寺。關山派禪風甚嚴，曾有一僧人請求入門，尋問道：「我爲生死問題大煩惱。時間不等人，不能拖拉下去，請速教我生死之道。」

慧玄回道：「慧玄這裡無生死。」

意指生死問題是一個很嚴肅的問題，不是可以討論的。換言之，日常生活已非常緊迫，哪有時間問生死！

關山派這種嚴峻的禪風並沒有驅離修行者，反而吸納許多禪僧聚集於此，成爲臨濟禪中最大的宗派。快川因曾參訪臨濟宗妙心寺派的本山，故承襲了嚴謹的禪風。

武田信玄與快川禪師的相知

快川禪師從妙心寺回到美濃崇福寺後，甲斐國（今山梨縣）的武田信玄（註3）熱心招聘他。信玄本人篤信佛教，所皈依的僧侶甚多，有京都天龍寺的策彥周良。策彥曾兩次受幕府命渡海赴明，善寫漢詩，信玄請他擔任菩提寺惠林寺的住持。

信玄又聘請京都相國寺的惟高妙安入惠林寺，接著聘請妙心寺的明叔慶浚和希庵玄密入惠林寺。京都僧侶紛入惠林寺在策彥的推舉下，信玄也非常尊重妙心寺的岐秀元伯；據說，「信玄」這個名字即是岐秀取的。

信玄是日本戰國時代名將，雖稱名將，依然生活在戰爭中，隨時都有捐軀的可能。嚴峻的戰爭生涯讓他對嚴肅的禪風頗有好感，尤對嚴峻的關山派更是喜愛。當然，他也聽聞快川紹喜的名字，熱切邀他到甲斐。一五五三年，快川應邀到甲斐入惠林寺，但僅停留甲斐一年。之後，信玄依然不斷邀他，回美濃後，快川紹喜對信玄依

然存有好感。一五六一年，武田信玄與上杉謙信的川中島之戰結束，快川禪師寫給信玄的信中說道：「去年河中島百戰百勝以來，甲軍威風遍天下，武名高日東。……越軍殘黨，其名有若無，可憐。」甲軍指信玄軍，越軍指上杉謙信軍，日東即日本。從信中可知兩人的相惜相重之情。

一五六四年，快川禪師已六十三歲，再度應邀到甲斐。快川禪師在惠林寺，信玄奉爲禪與學問之師。據說，信玄馳騁沙場，插在營地上的旗號「風林火山」四字，即是快川揮毫書寫的。「風林火山」取自《孫子》的四如旗：「疾如風，徐如林，侵掠如火，不動如山」。

一五七二年，信玄率大軍赴京都，在遠江國（今靜岡一帶）三方原大敗德川家康，趁勢入三河（今愛知縣南邊）。但不久，信玄病逝。快川紹喜依然受信玄後繼者武田勝賴的信奉，並爲勝賴妻取法名，也爲侍女取法名蘭溪，並以漢詩釋解：

「群叢古佛在那邊，雲夢澤南君子泉。

八月花開善人室，猗猗奕葉滿山川。」

信仰虔誠的侍女和她所侍奉的勝賴夫人，被比喻爲會讓人想起古佛的蘭花，也祈望武田家能武運興隆。但是，一五八二年，意欲統一日本的織田信長派大軍攻入甲斐，領軍的是織田信長的長子信忠。三月，勝賴與夫人、兒子信勝自刎於天目山。

臨死，展現禪風

信忠的軍隊更藉口惠林寺曾隱藏信長的敵人六角承禎，並讓他逃走。乃於四月攻打快川禪師所在的惠林寺，逼快川等僧人投降，快川不從。快川禪師與甲府長禪寺高山和尚等百餘人被驅趕到惠林寺山門樓上，然後堆積毀壞的家屋木材，放火燃燒，意欲燒死他們。快川禪師冷靜對眾僧說：

「各位，現在要坐在火燄中燒死。這時候，要怎樣敘說佛的教言呢？各位就依佛言做臨終語句吧。」

眾僧紛做語句，最後，快川禪師也做了：

「安禪不必須山水，
滅卻心頭火自涼。」

這是見於《碧巖錄》「洞山無寒暑」，評唱中杜荀鶴詩的最後兩句。「洞山無寒暑」中描述一和尚見洞山良价禪師，問：

「寒暑到來如何回避？」

洞山回道：

「何不去無寒暑處！」

「何處是無寒暑處？」

「寒時寒殺闍利，熱時熱殺闍利。」

闍利本指高僧，此處乃指尋問者。寒時順應寒的情境，熱時順應熱的情境，四周的環境對修禪者就不會構成妨礙，這就是無寒暑處。同理，安禪不用尋找場境，任何情境都可以修禪。快川禪師與眾人在火燄中修禪，不會覺得熱，自然覺得涼快。

於是，快川紹喜與眾僧侶結跏趺坐，從容就死。

禪宗不興立文字，故禪師甚少留下作品，快川禪師也不例外，唯有臨死前所說的「滅卻心頭火自涼」，深植後人心中，也成爲惠林寺的特色之一。

註1：為中國宋代僧人圜悟克勤（一〇六三～一一三五年）所著。此書的成書長達二十年，是他於四川成都、湖南等地講解雪竇頌古的匯編。雲門宗的雪竇重顯有「頌古百則」，為叢林所推重。

註2：由應仁之亂（一四六七年）爆發時開始，故此日本戰國時代是由應仁之亂開始直至戰國最後的勝利者——德川家康創立江戶幕府（一六〇二年）為止，進入德川家統治日本兩百多年的江戶時代。

註3：武田信玄（一五二一～一五七三年）原名晴信，號德榮軒，信玄是法名。生於世代為甲斐守護大名的武田氏家，其父武田信虎是甲斐國守護。武田信玄是戰國時代的名將，他以《孫子》的「風、林、火、山」為作戰的指導思想，既謹慎而又果決。

堅持原則

澤庵禪師

（一五七三～一六四五）

看過吉川英治小說《宮本武藏》，
或觀賞過《宮本武藏》電影的人，
對澤庵禪師想必會有很深的印象。
在電影中，
我們看到野獸般的武藏，走出姬路城後，
變成了一個去情欲，
追求劍、人、禪合一的修行者。
他的一生，就是堅持原則的一生，
禪劍都與此息息相關。

看過吉川英治小說《宮本武藏》，或觀賞過改編自吉川英治的電影《宮本武藏》的人，對澤庵禪師想必會有很深的印象。他不費一兵一卒，與阿通合作，以笛音引出、捕捉了野獸般的武藏，並將武藏吊在大樹上，以阿通的柔情解除了武藏的野性；放走武藏後，他再度將武藏關在姬路城書庫，要武藏自我修練，以默照禪的方式，讓武藏習得劍禪合一或劍人合一之道。在電影中，我們看到野獸般的武藏，走出姬路城後，變成了一個去情欲，追求劍、人、禪合一的修行者。

吉川英治的這些敘述，未必有明確的史料可資佐證。但是，澤庵與武藏的同時代性以及兩者的剛烈性格有其相通的一面。其實，武藏的二刀流含有很深的禪味，以靜制動的劍法也具有禪定之意；禪師對劍道也有其特殊的觀點，他給德川將軍的劍術師範柳生宗矩的書信集《太阿記》就明白點出了劍道的意旨。

總之，在澤庵而言，動靜的調定是禪的修法，但靜並不意謂不動，動也非靜的相反，原則是兩者間重要的判準。他的一生，就是堅持原則的一生，禪劍都與此息息相關。

與貧窮戰鬥，全心修行

澤庵生於西元一五七三年，逝於一六四五年，正是日本從戰國的戰亂時代進入德川的和平時代。從戰亂進入和平常有一段陣痛期，這段陣痛期有兩個高峰，一是一六○○年的關原之戰，另一是一六一五年的大阪之陣。前者，宣告德川時代的來臨；後者，宣示豐臣秀吉家徹底覆亡，德川幕府已鞏固。澤庵在戰亂中，也有他自己的拿捏。

澤庵生於但馬國出石（今兵庫縣北方的出石町）的武士家庭。一五八○年，豐臣秀吉侵入但馬，但馬國國主山名宗詮戰死出石城，澤庵的秋庭家頓失所護。兩年後，澤庵十歲，在淨土宗唱念寺出家，取名春翁。十四歲轉至禪宗的宗鏡寺，爲希先西堂弟子。希先去世後，京都大德寺的董甫宗忠應出石城主前野長泰之邀至宗鏡寺爲住持，春翁改名秀喜。

一五九四年，董甫回京都，秀喜（澤庵）隨行入大德寺，從此與大德寺結了緣，也因大德寺而受苦。京都禪寺有兩個系統，其一是源自夢窗國師的南禪寺系統，得室町幕府支持；另一是傳承自大燈國師的大德寺系統，向由朝廷賜以紫衣。澤庵入大德寺，改由董甫師父春屋宗園指導，列名爲春屋弟子，並改名爲宗彭。

宗彭在大德寺的修行生活極其貧困，以抄寫佛經來獲取生活之資。但是他的師父春屋卻喜交權門豪貴，當時的著名武將黑田長政、石田三成與淺野幸長等就常來拜訪春屋。在一個寺院中，貧富差距竟然與交接權貴有關，而跟修行無涉，澤庵反權貴的剛烈性格逐漸萌芽，但他還是隱忍著。

石田三成在佐和山建禪寺瑞嶽寺時，春屋帶董甫和宗彭赴佐和山。一六〇〇年關原之戰，石田三成敗死，瑞嶽寺也因而消逝。宗彭又回京都繼續與貧窮戰鬥，全心修行，所穿單衣僅一件，沾滿污垢時，不洗不能出席法會，洗了就必須裸身在屋裡等待衣乾。

在這貧困的生活中，他失去了董甫。一六〇一年董甫去世後，他不想再待在權貴經常出入的大德寺而轉往堺（在大阪）。一六〇三年，宗彭三十一歲，往堺的南宗寺陽春庵訪一凍紹滴並師事之。一凍跟春屋完全不同，性格剛烈。然而有趣的是，陽春庵是被一休禪師痛罵、喜交權貴的養叟所建，而今欲住著一位視富貴如糞土的禪師。一凍在修行上亦極剛烈，若有不能解決的問題，即不眠不食全心坐禪；甚至爲免於瞌睡，還懸樑繩子，將其一端套住脖子，縱爲此而往生，亦在所不惜。

一凍教導弟子亦極嚴格，澤庵在《東海夜話》中說：「法師取弟子，髫年稱喝食或爲小僧沙彌，養育以成大僧。而後，遍參行腳無定師，自設法坐禪，若有所得，即呈見解，所呈契於道，則得一言印，拜而爲師，故無定師。不以授業師爲法之師。在遍歷期間，經眾多艱苦，在野入暮，在山待明，露宿餐風，皆爲道。……近來愛育髫年沙彌，不離左右，厚絹綿，豐飲食，而不知艱苦，宛如削髮俗兒。……待其修行了畢，即書一枚印可狀授之，終不出門，親爲堂頭和尚，如此自無毫末道心。法道衰皆如是也。」在這狀況下，只有一凍不求暖衣飽食。

經一年禪修，宗彭獲一凍賜予印證之語與「澤庵」之名。後世熟識的「澤庵宗彭」之名，於焉誕生。一六〇六年，澤庵參加堺的茶人山岡宗無追悼亡父的法會遇見春屋，時春屋七十八歲、澤庵三十四歲，兩人之間有一段富含深意的對話。

春屋問：「不與萬法爲侶者，此何人也？」

澤庵（以手劃八字）答：「箚。」

春屋：「意旨如何？」

澤庵：「於眼爲見，於耳爲聞。」

春屋：「畢竟如何？」

澤庵：「全體作用。」

春屋：「『待汝一口吸盡西江水則向汝道』，意何所指？」

澤庵：「馬祖如春，誠斯言也。」

春屋：「意旨如何？」

澤庵：「細雨養花。」

春屋：「伶牙利舌之漢。」

一凍聽了這段對答，很滿意地說：「青出於藍。」

這段對話，由春屋開其端。春屋問澤庵，不與萬法爲侶，而使萬法成爲萬法的也在你之中嗎？澤庵用手劃八字，意指宇宙廣大無邊，然後回答一聲「箚」。據云，

「笏」指「成束」、「停駐」，使萬法成束停駐我心中，因其停駐於心，經眼耳向外，成爲見聞的動作。

春屋再追問，澤庵回以「全體作用」。《東海夜話》指出，「若耳之所聽，眼之所視，手之舞，足之蹈，悉爲率性之運動，則豈非全體作用哉！」但是，「人於知覺運動間，所作皆爲血氣之私所導，故佛氏覺位之人於知覺運動間使氣伏於理。」換言之，克制血氣之私，依萬物理法運動，即是全體作用。

春屋再以唐代禪僧馬祖道一的名言「待一口吸盡西江水則向汝道」問澤庵。馬祖的意思是說，到了禪悟的境地才能說出來，春屋用這句話來質疑澤庵的「全體作用」。澤庵卻巧妙回以「馬祖如春」、「細雨養花」；春屋以「一口吸盡西江水」之豪氣與悟境問他，他卻以「春海」之包容與豐盈回應，更以「細雨養花」呈現以小育大的實在。事實上，澤庵以馬祖的剛烈性格來比對自己的性格，但馬祖的剛烈卻如春海之包容，以展示「全體作用」之意旨。

百日後，一凍去世，接著澤庵父母亦相繼病故。貧困的禪僧澤庵在失去師父與父母之後，反而爲堺南宗寺住持。一六〇九年，依天皇敕旨爲大德寺住持。入山三日，即寫「退院上堂偈」，離開大德寺回南宗寺。偈云：

由來我是水雲身，叨住名藍紫陌春。
叵耐明朝南海上，白鷗終不走紅塵。

大燈國師行乞五條橋下二十年，一休禪師讚曰：

風餐水宿二十年。

不住名藍巨刹，以自然爲友，過清貧生活，是大燈國師以來的臨濟禪特色。澤庵堅持大燈國師的佛法，不願住在賜以紫衣的名藍，願意繼續過著白鷗式的清貧修行生活。

「法度事件」，被遭流放

一六二七年的「法度事件」（或稱紫衣事件），更呈現出澤庵的反骨叛逆精神。從十四世紀室町時代開始，京都禪門即分爲夢窗和大燈兩個系統。在京都，南禪寺之下有天龍、相國、建仁、東福、萬壽五山，再加上十刹，悉歸「僧錄」統轄。「僧錄」乃室町第三代將軍足利義滿所設，以管理五山十刹。到德川時代，僧錄更成爲管理整個佛教界的行政機關，衙門稱爲僧錄司。德川家康時，將僧錄司從相國寺蔭涼軒遷至南禪寺金地院，由以心崇傳擔任僧錄。

五山十刹屬夢窗國師系統，住持皆由將軍任命，稱爲「鈞命住持」。大德寺與妙心寺則屬大燈國師法嗣，住持皆奉天皇綸旨入寺，如澤庵奉旨入大德寺爲住持，稱爲「綸命住持」。以寺格論，一如天皇權威高於將軍，大德、妙心二寺寺格高於五山十

剎，故不願服從僧錄支配。僧錄以心崇傳爲樹立權威，意圖向大德、妙心二寺施壓。一六一五年，德川家康對公家、武家與諸寺頒布新法度（法規），對禪寺頒布的是「五山十剎法度」與「大德寺妙心寺法度」，起草者皆爲以心崇傳。

「大德寺妙心寺法度」規定要擔任住持，必須「參禪修行就善知識三十年，費綿密工夫，完成一千七百則話頭，並遍歷諸老門，成就眞諦俗諦，經連署」始可任之。如果依此行事，二十歲開始修行，到五十歲完成一千七百則公案，根本不可能。這是崇傳打擊、消滅大德、妙心二寺的陰謀，但大德、妙心二寺依然故我，天皇也照樣以綸旨任命住持。

一六二七年，正隱知公獲賜紫衣入大德寺時，幕府突然宣布綸旨無效，紫衣也非住持表徵。大德、妙心二寺內部分成強硬與妥協兩派，最後強硬派獲勝，兩寺分別寫「辯疏狀」向幕府提出。大德寺「辯疏狀」由澤庵撰寫，玉室、澤庵和江月三人連名提出。澤庵的辯疏狀極力指出，一千七百則公案乃傳燈錄所載的則數，非一人所能爲，更觸怒崇傳。一六二九年，兩寺代表被喚至江戶，在大御所德川秀忠之前，議處兩寺代表之事，結果都被判流刑。澤庵禪師被判流放東北的出羽上山（今山形縣上山市）。

澤庵的流配所上山春雨庵，乃取自前述與春屋對話的「細雨養花」。配所正東可以看見山頂積雪的藏王山，秋天綻出落葉松的美麗紅葉，冬天則呈現美麗雪景，是個舒適居所。當地領主土岐賴行信禪尊重澤庵，民眾也敬愛禪師，不時贈送衣物食品及各類日常用品。原則上，贈送金錢者一概送還原主，衣物全部轉送給他人，夏天一襲麻衣，冬天兩三襲加綿衣物。附近有溫泉，一個月也只去兩三次。

一六三二年秀忠去世，將軍德川家光大赦，澤庵等禪師獲赦回江戶，受江戶市民熱烈歡迎。澤庵賦詩云：

光陰如此擬東流，百歲人間水上漚。
蠻貊三年才有命，山河依舊一天秋。
東風如昨已西風，世上光陰瞬息中。
不知老自何處至，白頭獨對夕陽紅。

澤庵時年六十，翌年遊鎌倉，鎌倉名剎建長、圓覺等寺俱已荒廢，賦詩曰：

土曠稀乎一塔荒，禪扉不鎖飽風霜。
可憐此法今墮地，佛國光輝有若亡。

強調心須如水流

在吉川英治《宮本武藏》中，澤庵教武藏劍禪合一之道是否如此，沒有確實的資料爲佐證，但他卻爲德川家的劍術師範寫了兩部重要著作《太阿記》與《不動智神妙

錄》。

太阿是一把名劍，他以太阿爲例指出，「兵法者不爭勝負，不拘強弱，不出一步，不退一步，敵不見我，而在天地未分、陰陽未分、陰陽未到之處貫徹之，即可得功。所謂敵不見我，此我乃眞我之我，而非人我之我。人我之我，人能見之，但眞我之我，人鮮能見之，故云敵不見我。所謂我不見敵，乃因我無人我之我見，故不見敵之人我之兵法。眞我之我乃天地未分以前、父母未生以前之我。此我乃我亦存於鳥獸畜類草木萬物中之我，佛性是也。」這是人我與眞我之別，人我乃我執之我，眞我乃眞如之我。

人我可見，眞我不可見。由人我進入眞我，必須靠修行。「學道之人十年二十年毫不懈怠，興大信力，參知識，而不顧辛勞苦勞，如失子之親，立志不退，深思尋覓，終到佛見法見所盡之處，自然得以見之。」如此成就之心，即是太阿名劍；如此成就的心，就是自由之心，不爲物所拘之心。

在《不動智神妙錄》中，澤庵指出，「置心於節拍，則心爲節拍所奪；置心於刀，則心爲刀所奪，此皆心之停住。以佛法言，佛法將此停住之心稱爲迷，故云無明住地煩惱。」、「心必須像水流一樣不能停住。」換言之，到達眞我之心，則不動亦動。例如劍道，不爲對方之劍所拘，不爲對方之動所拘，因爲心一直流動不已。

獲赦後，將軍家光極端心儀澤庵，不時請益受教，更在江戶品川建東海寺供澤庵居住，並於一六四一年改變大德寺法度，澤庵禪師二十六年來的宿願終於達成。一六四五年應侍僧之請，提筆寫下「夢」字而逝，享年七十三。

澤庵禪師在圓寂前，曾留下遺言：「不要爲我行葬禮儀式；不要接受任何香典；於晚上將我的屍骸偷偷運到後山埋後，不要再來看；不要爲我做墓碑；不要受朝廷的禪師號；不要立牌位；不要做法事；不要誌年譜。」但是後人無法忘懷，還是爲禪師立墓。

以不生之佛心為心

盤珪禪師

（一六二二～一六九三）

盤珪永琢是德川江戶時代初期的禪師，
早年母親讓他讀《大學》，
他總無法瞭解「大學之道在明明德」中「明德」的內涵。
一天清晨打坐時，一陣梅花馨香拂面而過，
頓時大悟「明德」即是《心經》中的「不生不滅」，
一切都可用「不生」之佛心來統攝。

盤珪永琢是德川江戶時代初期的禪師。西元一六〇三年，德川家康在江戶創立了江戶幕府，開啓了江戶時代。一六二二年，盤珪生於播磨國（今兵庫縣），父親菅原道節是播磨國揖西郡濱田村的儒者兼醫師。由於父親早逝，他由母親一手帶大。

勇敢固執的童年

盤珪自幼淘氣，是村中的孩子頭。《正眼國師逸事狀》云：當地風俗，每年五月五日，村中少年分成兩隊，分列河兩岸，投石以決勝負。不論盤珪屬何方，對方見他必逃。因盤珪勇敢固執，不勝決不退，對方往往就屈服在他這種意志下。

盤珪幼時到大覺寺習書道（書法），但他不喜書道，常半途而歸。長兄菅原正休怒責，他依然不加理會。自大覺寺回家必須渡揖保川，長兄買通揖保川渡頭，如盤珪早回，不載他渡河。盤珪大怒說：「水底總有地面。」便逕自走入河中，沿著水底的地面走到彼岸。

不善游泳的少年盤珪，竟然沒有溺斃，頗讓渡頭感到意外。據《盤珪佛智弘濟禪師御示聞書》（以下簡稱《示聞書》）云：「我不想學書道。回家，兄長責我，不如死而無悔。」渡河無難，他又食毒蜘蛛，潛居小堂待死；等待了數日，依然未死，只得放棄離開小堂。

然而有趣的是，與他同學書道的富家子弟灘屋道彌卻與盤珪相約：「你做和尚，我必捐巨款支援。」後來盤珪成了著名禪師，道彌便爲盤珪建網干的龍門寺。當時皈依盤珪的道俗達一千三百多人，道彌還替他們建宿舍、供飲食。《正眼國師逸事狀》讚揚稱：「須達亦有愧。」意指爲釋迦建祇園精舍的須達（給孤獨）長者也不如他。

因此，世人稱盤珪三兄弟：「一摩耶出三佛，一藥師，一彌陀，一釋迦。」長兄正休長於醫術，名聞他國，乃有藥師之稱；次兄燈空壽傳專修念佛，乃網干西方寺中興之祖，故有彌陀之稱；修禪的盤珪則爲釋迦。

窮究「明德」內涵

成年後，盤珪亟欲追究「明德」之意。早年母親讓他讀《大學》，兩人都不明白「明德」的內涵。《示聞書》說，盤珪追求明德義，並非爲釋己疑，乃欲讓年老母親能夠釋懷，安謐往生。爲此，他訪禪僧，禪僧說：「欲知明德，須坐禪。」於是，他入山坐禪，七日不食；復裸身坐尖石上，幾致殞命，依然不得其要。回鄉結庵，過著念佛三昧的日子，明德依然不明。

一日，他到山城松尾神社參拜，坐在拜殿中，展開七日不眠不食的修行；又到大阪天滿不動明王寺著蓆而臥，過著乞討生活；亦曾站在河中修行數月，皆不得其果。

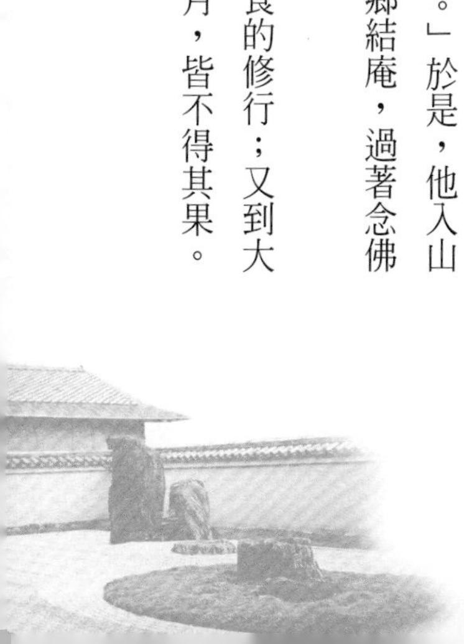

在這種種苦行中，他曾得大病，幾致於死。最後，他回故鄉建造牢獄般的屋子，四周圍之以牆，只在一牆留下一個可送碗筷的小洞，供人送食。門口用土堵住，不能出入，大小便皆自屋內流到外面的廁所。

不久，盤珪終於病倒，病勢愈來愈沉重，七日不能吃東西，只能喝開水，心想來日無多，一生願望勢必無法得遂而亡。這時，他忽然覺得「一切事情皆可以『不生』調整」。以《般若心經》中「不生不滅」的「不生」觀點瞭解了一切。

盤珪心結已解，有了食欲，開始食粥，病體日益恢復。《行業略記》說：「師二十六歲時，庵居播州赤穗野中村。只管打坐，晝夜不臥，只以大法不明爲念，已及悶絕。一朝嗅梅香，豁然而發明。凝膺之物，瓦冰解消。」《行業曲記》亦云：「一朝出當盥漱，微風襲梅香，恍然大悟，如桶底脫落，乃取平生難澀經錄過目，如執舊物，融會瓦解，無滯礙。」

省悟明德即是「不生」的佛心

換言之，盤珪參明德，終於省悟明德即是「不生」的佛心。他認爲人天生擁有不生的佛心，卻因我欲而迷，以機僻而言而行。於是，改「佛心」爲「念」，念念相重而成機僻。迷生於有此機僻之心。迷一出現，即墮畜生道，不會轉生爲人。生爲人，即是幸福。生爲人，即有不生之佛心，而與畜生異，故云幸福。

一六五〇年，盤珪二十九歲，有和尚告訴他：「大明宗師道者超元禪師至長崎，目前在崇福寺說法。何不往見？」盤珪乃到長崎，道者一見他就說：「你確已大悟，但還沒有瞭解差別智。」盤珪不服氣，便暫時留下，以觀道者的日常生活；後覺得他與修行者的應對，應用自如，乃奉爲師。

一日，晚參過後，盤珪問道者：「生死之事如何？」道者筆答：「誰之生死？」盤珪攤開雙手。道者取筆欲寫，盤珪搶筆擲於地。次日，道者禪師喚來執事僧：「永琢禪人（即盤珪）大事了畢，當安排於明窗下。」一座大驚！

某年佛誕前一天，道者問：「誕生的佛自何處來？」眾僧所言，都不合道者之意。道者環觀四周，見盤珪問道：「盤珪，你過來。誕生的佛自何處來？」盤珪站立，雙手指天地：「自此來。」道者一見，猛然橫躺：「我是臥如來，可以如此入涅槃。」盤珪把桌上的經放在道者身上：「要是死了，我替你念經。」兩人同時哈哈大笑。之後，道者悄悄叫盤珪離開崇福寺，怕有人因嫉妒出手傷害，並送他一首詩偈：

玉雞琢破殼
鳳凰墮出來
天人觀上端
心眼自然開

一位和尚問盤珪：「古人說大疑之下有大悟，和尚卻不用修行者的大疑，何故？」

修行者的大疑，是指古人留下的公案。盤珪回道：「以前，南嶽參見六祖，六祖問他什麼東西來了？南嶽無法回答，想了八年，才回道：說似一物即不中，這才是眞的大疑大悟。例如出家人失去唯一的袈裟，不管怎麼找都找不著，依然拚命尋找，這才是眞正的疑。以古人之疑爲疑，是疑的模仿，不是眞正的疑，因此，永遠到不了眞實的境地，就像以爲失去沒有失去的東西，拚命尋找一樣。」

盤珪的意思是，從師父那裡拿來的公案，不管怎麼參，都不是眞切的參。只有自己發現的疑，才是疑；參此疑，才有獲得大悟的可能，就像他參明德那樣。

備中（在岡山縣）庭瀨有法華宗的大寺院，住持是位很有學問的和尚，頗受檀家崇信。某年冬天，盤珪到備前三友寺用日常俗語講道，信眾容易聽懂，因此法華宗信眾群集三友寺，那位住持知道了非常氣憤，對檀家說：「盤珪是沒有學問的人，我去質問，他必無一言可回。」

男女皆有「不生之佛心」

一天，住持到三友寺聽盤珪說法說到一半時，大聲叫喚他：「聚集在這裡的人都聽你說法，相信你。若不相信，如何才能得救？」盤珪舉起中啓（僧侶所用朱紅大扇）

說：「向前一點。」住持向前。盤珪又說：「再向前一點。」住持又向前行。盤珪於是說：「可以聽清楚了吧？」住持茫然而退。

盤珪的呼喚意指佛心的呼喚，不生的佛心相同，盤珪的呼喚就是盤珪與住持不生佛心的交流。所以盤珪喚一聲，住持前進一步；再喚一聲，又前進一步，兩人不生的佛心終於相契。聽懂盤珪的法語，住持乃茫然若失，引身而退。

盤珪在備前說法時，有四、五個商人婦來聽道，其中一婦問：「沒有兒子的女人是不是不能成佛？」盤珪回道：「我沒聽說無子者不能成佛，倒是無子者成佛的例子很多。自祖師達摩以後，歷代禪師都沒有兒子，妳曾聽說達摩大師墜落地獄嗎？」

「他們即使沒有孩子，因是祖師、和尚，怎會墜入地獄？他們都是佛啊！」

「這麼說來，即使沒有兒子的女人，只要有佛心，沒有不成佛的。」

「這樣說很感激，但知道女人難成佛，真苦悶不已！」

「那我告訴妳女人成佛的例子。釋迦時代的八歲龍女、唐朝的靈照女、我朝的當麻中將姬，都是女身成佛。」

「知道了，從此可免除我的悲嘆了！」（參閱《示聞書》）

男女都有同樣的「不生之佛心」，當然都同樣可以成佛。

《正眼國師逸事狀》中有一則故事，更能顯示盤珪的不生之佛心。

播磨姬路有一個盲人，聽人聲音就能知其意。一天晚上，一個武士吟歌而過，盲

人說：「沒頭還頗能唱歌。」

妻奴笑道：「口在頭部，足證其妄。」

盲人回道：「等會兒就知道。」

不久那位武士又唱歌而回，隨即發刎首之聲。報仇的刺殺者說：「先前就想砍殺，知道他還帶有主人命令，才等到此時。」

盲人有此能耐，卻常說：「賀辭必有愁聲，弔辭必有歡聲，人情如一。我聞盤珪和尚音聲，在利衰毀譽、尊卑老稚中，其音無異，和平舒暢，脫離凡識。」這是緣於盤珪「不生之佛心」。盤珪的佛心與對方的佛心相呼應，所以和平相對。

總之，盤珪因母親之疑而生己之疑，爲解母疑兼己疑，而追索「明德」義，終於明白「明德」即「不生之佛心」。不生之佛心是萬物的基礎，掌握此佛，一切皆可參悟。

因此，盤珪認爲，大疑非來自古人或師尊設定的公案，而是來自人生的大疑。他由大疑得出不生之佛心，他的說道、說禪都環繞這個「不生之佛心」。一六九三年，盤珪禪師圓寂，享年七十二歲。

清貧詩僧

元政上人

（一六二三～一六六八）

元政上人事母至孝，
一生過著清貧生活，
粗衣粗食，住草庵，
雖以閑僧活在法界，
與宇宙共呼吸，
但，他只用詩來表達自己的心境。

江戶時代初期有一位名叫元政的日蓮宗僧侶，住在京都南深草里，人稱深草元政，過著清貧的生活，有極高的詩魂。

江戶第三代將軍德川家光就職那一年，西元一六二三年，元政上人出生於京都桃花坊。他的父親石井元好曾出仕長州藩主毛利輝元。一天晚上，母親夢見一位高僧對她說：「麻煩妳了，麻煩妳了！」醒來發覺已懷孕。一六二三年二月二十三日，母親因事外出，回家當晚，在京都桃花坊生下了元政。

從小披閱典籍爲樂

元政二歲七個月時，父親帶他到東山看「送火」，回來就寫了送火中呈現的「大」字。六歲開始讀書，一讀即能背誦。一天，父親帶他去拜望建仁寺的九巖長老，長老問他讀什麼書，回說讀四書中的《大學》，長老念其中二行，元政即能背誦道出。長老大爲讚歎：「誰知今有寧馨兒！」

八歲，赴近江彥根（今滋賀縣）習武，十三歲爲彥根藩主井伊直孝家臣。元政上人的姊姊是井伊直孝的側室，深受寵愛，還爲直孝生下了第二代藩主井伊直澄。元政出仕直孝，依然喜讀典籍，一有公閒，即披閱典籍爲樂。十九歲隨藩主赴江戶參勤，得風疾（肺結核），獲許回父母家療養。一日隨母到和泉（今大阪一帶）和氣村參詣妙宣寺，禮拜日蓮宗始祖日蓮上人，獲得雷擊般的靈感，乃立下三願：（一）我必出家；（二）願父母長壽，我盡孝心；（三）欲閱天台三大部。

天台三大部乃指《法華經》之外的《法華玄義》、《法華文句》、《摩訶止觀》。之後不久，參與泉涌寺雲龍院周律師的《法華》連講，深受感動，欲隨律師出家，律師說：「你還年輕，以後再出家。」

六年後，二十五歲時，辭武職，出家為妙顯寺十四代日豐上人的弟子，如願披閱法華三大部。不解之處，不問僧俗長幼，皆向之請益。有大疑之時，甚至在夢中與天台大師議論。三十三歲時，師日豐上人為池上（在東京太田區池上本町）本門寺貫主，元政沒有隨師赴任，喪失了往後為貫主的機會。

元政在京都深草建稱心庵，仿禪宗訂下「草山清規」，過著「常不卸衣，長時持律誦經勤修不怠」的生活。移居深草第二年（一六五六年），他寫了一首漢詩〈元旦新居〉，顯示他修行另一階段的起始：

新居人未知，春獨偶然來。
洗鉢覺泉暖，轉徑試日遲。
靄雲閉幽戶，芳草出疏籬。
松竹得其所，林丘雪解時。

此詩有如《法華經·方便品》所云：「是法住法位，世間常相住。」元政在〈偶

成〉一詩中云：

終日行法界，終日坐法界，
終日立法界，終日臥法界。

是法住法位，世間常相住

離開繁華地，閒居深草里，讓元政體會到法界的意象。人心本從自他相違啓始，然後超越自他，進入自他一如的「自然界心」；「自然界心」雖強調人與自然無別，依然得受時空囿限。時空界限消除，「法界心」才能隨之出現。「法界」意指全宇宙，此爲佛法的極致。

以法界心而活的人，即是「得無生法忍之人」；意指人生下來就能與周遭的事物相與，與天空、海洋、花草等無隔而生。我在全宇宙中，全宇宙亦在我心中。

一六五九年，元政上人奉母到名古屋的身延，遇到明滅流亡日本的中國詩人陳元贇。當時元贇在筆談中與元政兄弟相稱，時元贇七十三歲，元政三十七歲。元政在〈答夏日元贇先生來訪〉中云：

銜暑待高駕，久盟終不寒。
招風掃塵榻，呼鳥和吟壇。

冰雪君文字，水雲我肺肝。
心清無熱到，一室覺天寬。

元贇和元政的氣質雖不相同，一如冰雪，一如水雲，卻彼此無隔，清澄透明交往，乃覺「一室覺天寬」。三年後，想到相別，元政即覺難受：

公本大唐賓，七十六老人。
吾少公卅六歲，調況非倫。
不知何夙世，合如車雙輪。
不忍暫時別，作詩淚沾巾。

元政心境寬廣，詩風重性靈，傾向袁中郎，因此不像其他日蓮宗僧侶那樣常攻擊其他宗派，遂被日蓮宗徒視爲異端，元政亦不在意。他說：「吾性病狂愚，不獨在泉與石，亦睥睨一世，捨俗長歸釋。雖以高祖師爲師，但以心爲師，不以跡爲師。」

這裡所指的高祖師是日蓮宗創始人日蓮，他以日蓮的心爲師，不以日蓮的行跡爲師，換言之，不崇尚日蓮的批判性行爲。他的詩也表現了這些以性靈爲主體的傾向。例如：

〈草山晚眺〉

愛山又出門，投杖倚松根。
秋水界平野，暮煙分遠村。

露昇林際白，星見樹梢昏。
自覺坐來久，蒼苔已有痕。

〈春雪〉

山寒春甚淺，飛雪尚縱橫。
窗外落花影，檐間殘雨聲。
閑僧圍火語，飢鳥逼人鳴。
風竹搖無已，紛紛埋不成。

元政雖以閑僧活在法界，與全宇宙共呼吸，但是，他只是用詩來表達自己的心境，他說：

我詩非是詩，
亦勿喚作偈；
只吐方寸心，
此不為吟哦，
唯為一大事。

元政上人是日蓮宗僧侶，日蓮宗崇奉《法華經》。《法華經》中，曾問佛爲何出現於世？理由是「諸佛世尊唯以一大事因緣故，出現於世。」元政上人說他的詩不是詩，也不是偈，只爲「一大事」表達自己的心境。

在《法華經》中，所謂「一大事」是「諸佛世尊欲令眾生開佛知見，使得清淨故，出現於世。欲示眾生佛之知見故，出現於世。欲令眾生悟佛知見故，出現於世。欲令眾生入佛知見道故，出現於世。」換言之，佛知見的「開示悟入」就是爲僧者的「一大事」。

元政事母至孝，三十七歲時，奉母（七十九歲）至身延山拜日蓮；至江戶訪師日豐上人於池上本門寺。他將這過程寫成遊記《身延行記》，遊記以漢詩和歌配文。

從深草啓程時吟道：

延山知甚處，攜母奉辛勤。
千里隨明月，一庵任白雲。
入堂辭古佛，上墓別先君。
日出出霞谷，黯然路未分。

到身延山參拜奉日蓮御骨的寺院，元政吟道：

一上延山心愈悲，俱生末法不逢師。

手香頂禮影堂下，淚濕尼壇欲起遲。隨後，元政入鎌倉到江戶，拜望了日豐上人，而後回京都。

元政上人一生過著清貧生活，粗衣粗食，住草庵，〈清貧〉詩有云：

濁界人皆苦，清貧我獨安。

竹風堪避暑，柴火足防寒。
放志太空窄，容身一榻寬。
糟糠猶不厭，百味盡盈盤。

這首詩對元政清貧生活的情況描寫得很清楚。在自己居住的稱心庵附近，他又構築了小小的竹葉庵，在其中坐禪誦經吟詩。他有十首寫竹葉庵的詩，可以看出元政的格調。第一首寫竹葉庵的形體：

屋前竹葉垂，屋後竹葉隔。
屋上竹葉覆，中有愛竹客。

第二首寫他的法界生活：

一葉一天地，一庵一葉間。
凡夫與聖賢，總在此中閒。

第三首寫竹之形及其意境：

我觀竹之心，草木之空者。
我觀竹之形，幽人之友也。

第十首則藉竹呈佛理：

節中即是空，葉上即是色。
色空本一如，我向者（這）裡匿。

一六六七年，母親病逝，享年八十七歲。是年初，元政上人已生病，生怕無法看護母親，乃鼓起力氣看護母病，一面校讎《大智度論》、《涅槃會疏》、《法苑珠林》等。母亡後六日，元政病勢復發。醫師將絲織衣服蓋在他身上，他對弟子說：「絲織品是殺了許多蠶做成，穿蠶衣，我怎能安心？」一六六八年，元政上人病逝，享年四十六歲，墓上依其遺言植了三株脩竹，望之一如〈春雪〉所吟：「風竹搖無已，紛紛埋不成。」

「關東辣破」白隱禪師

（一六八五～一七六八）

關東禪起於十六世紀的愚堂東實，經至道無難、正受慧端，傳至白隱慧鶴。《寶鑑胎照》是白隱寫愚堂事跡，「關東辣破」實指關東禪的行為模式，既寫愚堂，也寫自己。

白隱禪師在《寶鑑貽照》中寫道：「正三曰關東辣破近乎禪。」正三，是指江戶的禪者鈴木正三；關東，指江戶（東京）一帶；辣破，指激越的行動。「關東辣破」意指江戶一帶的禪，具有激越的行動性，與京都禪並不相同。

京都禪統分「夢窗系」與「大燈系」，但自德川家康建幕府於江戶之後，即對佛教各宗派制定諸宗「法度」，並展開嚴密控制。京都的夢窗系與大燈系都順從幕府禪宗法度，喪失了實踐的意欲；只有關東禪系依然積極地在生活中體驗禪、實踐禪，因而有「關東辣破」之語。

關東禪起於西元十六世紀的愚堂東實，經至道無難、正受慧端，傳至白隱慧鶴。《寶鑑貽照》是白隱寫愚堂事跡，「關東辣破」實指關東禪的行爲模式，既寫愚堂，也寫自己。

白隱俗姓長澤，名岩次郎，一六八五年十二月生於東海道原宿驛。三歲前，一直無法站立，一日忽然站了起來，而且記憶力極強，幼時已能背誦村歌三百多言。七歲在寺中聽僧講《法華經·提婆達多品》，回家仿僧講授，無一字差誤。十一歲，在村中昌源經寺聽日親上人講天台智者大師《摩訶止觀》的地獄相。日親乃日蓮宗（或稱法華宗）俊秀，能言善道，焦熱紅蓮的苦境透過他的講釋，鮮活地展現在岩次郎眼前，岩次郎爲此困惱至極。

如何不入地獄

一日，與母同入澡盆。母令女侍加薪，水沸燄起，熱氣猛刺下，岩次郎彷彿爲火所燒，哭了起來，不管怎麼安慰，都無法讓他平靜止哭。

母親問他爲何哭泣？他說：「墮入地獄好可怕！跟母親在一起都這麼可怕，要是單獨墮入地獄，如何受得了？」母親困惑不已，對他說：「不要哭了，明日告訴你不下地獄的好方法。」

母親心想：到第二天，孩子早就把此事給忘了。可是岩次郎沒有忘，次日依約要母親告訴他不下地獄的好方法。母親不知如何是好，順口說道：「你的生日是丑年丑月二十五日丑刻生，和天神爺（菅原道眞）同一天，就去向天神爺祈願吧！天神爺會以威德靈異拯救一切苦難。」從這天起，他成了天神爺的信徒，背誦《天神經》，在屋裡掛了幅菅原道眞的畫像，在畫像前拚命唱誦《天神經》，一、兩天中即記住了《觀音經》。

一次村中祭典，少年們表演日親上人頭戴燒鍋的戲劇。此劇的典故來自日親上人被判戴熱鍋的故事。日親上人，一四三六年在京都開創本華寺，進諫室町將軍足利義教，觸怒將軍，將軍令他頭戴燒紅的鍋投獄，他依然臉不變色，因而有「冠鐺日親」之稱。戲中，扮演役吏的少年說：「法華行者入火不燒，入水不溺，是否眞實？」回

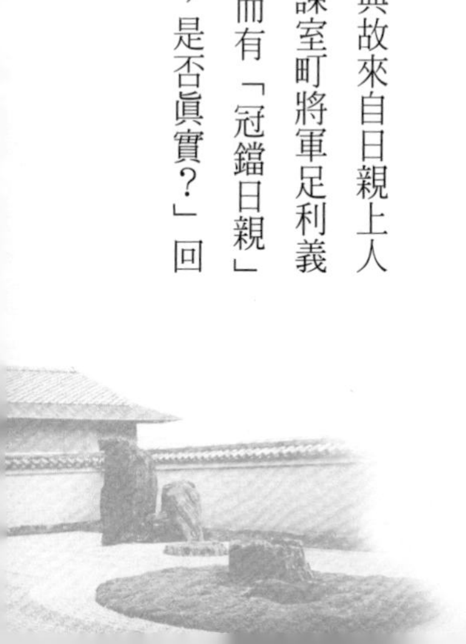

曰：「不錯。」於是，役吏讓扮日親的少年戴上燒鍋，問：「入火不燒，眞實否？」扮日親的少年念《法華經》，佇立不動。岩次郎看了十分感動，回家後全心念誦〈觀世音普門品〉和〈大悲咒〉；數日後，以燒紅的火箸刺股，皮膚燒爛，痛苦依然，深感沮喪，認爲非出家不可。

訪名師，勤坐禪

十五歲那年，岩次郎從單嶺宗傳出家，改名慧鶴。十六歲，向法華宗（日蓮宗）的僧侶借出《法華經》，熟讀了數篇。也許機緣尚未成熟，讀來盡是因緣故實，長嘆一聲，將《法華經》棄置一旁說：「如果此經有功德，諸子百家、謠本、戲本之類皆有功德。」他感到非常失望。十九歲，掛單神叢寺，聽堂頭和尚講《江湖集》，聽到「巖頭和尚遇賊被斬，大叫一聲，聲聞數里」，心想：連巖頭和尚這樣的大禪師都無法避賊難，像自己這樣法力不足的人就更難逃避了。

這時，他想轉向儒學，乃就馬翁和尚學詩文。一日，馬翁曬書，慧鶴欲以書本決定自己的前程，乃閉目隨意拿起一書，是《禪關策進》。他隨意翻閱，看到慈明和尚精進不怠，欲睡則以錐刺股，跟睡魔奮戰。慧鶴深受感動，全力修禪，訪名師，勤坐禪。

師馬翁生病，慧鶴往看病，達三閱月。白晝在病床服侍，晚上則徹夜坐禪。一夜坐禪時，如貓頭般大小的車輪出現於結印之手。起先有些畏懼，不加理會即消逝。由此而知，魔由心生，非自外而來。又一夜坐禪時，心在空中飛馳，南行數十里，心想：已過鳥羽城，將過紀州海邊，如此可不行！乃大喝一聲，仍在蒲團上，馬翁驚問：「小鶴，你叫什麼？」

一七〇七年，二十二歲，回故鄉到松蔭寺（今靜岡縣沼津市）掃母墓，親友問他行腳五年的點滴，他以「哼嗯」回答。十一月二十二日自夜至晨，富士山麓發生大地震。松蔭寺亦屋鳴地動，眼看將倒塌，全寺之人皆外逃避難，唯慧鶴端坐堂中不逃，不理他人勸說。「若我有見性開運，則諸聖將擁護，必能免災害。若不然，願撲殺於毀頹之下。」始終沒有逃離現場。

二十四歲，在越後（今新潟縣）高田英巖寺聽性徹和尚講《人天眼目》。聽講外，皆至寺後廟中坐禪。一日清晨，聽遠方寺院響起鐘聲，鐘聲尾韻入耳，慧鶴忽然大悟，大叫：「阿呵呵，巖頭和尚萬福現在，巖頭和尚萬福現在！」意思是說：「巖頭和尚一點事也沒有！」往昔，對巖頭和尚被賊斬大叫的疑惑，至此冰釋。他高高興興去見性徹，披示所見，性徹不能理會，慧鶴給他一個巴掌，大叫：「三百年來，沒有人像我這樣痛快了悟的吧？」

後來，他從英巖寺的宗格聽到信州（今長野縣）飯山正受庵有位正受老人，是愚

堂的徒孫，至道無難禪師的弟子。據說附近不時有狼群出沒，正受認爲這是試探他的正念相續，因此故意在狼群出現的場所坐禪。狼對他噴著熱氣，他也不在意，繼續坐禪。

慧鶴跟宗格一起去見正受老人。入室見正受，慧鶴遞上自己的見解。正受左手握著見解，說：「此汝學得底。」然後伸出右手說：「吐出汝見得底。」慧鶴做出嘔吐狀。正受說：「如何看趙州無字？」慧鶴回道：「趙州之無，無處可著手。」正受突然用指頭壓著慧鶴鼻頭，說：「可是，已著巨手了。」接著大笑罵道：「你這鬼窟裡的禪和尚。」慧鶴不能答，正受說：「這樣，你能滿足嗎？」慧鶴回道：「有何不足？」正受提示「南泉遷化」公案，慧鶴掩耳出室，正受呼喚：「喂，年輕人！」慧鶴不由得回頭，正受大罵：「鬼窟裡的禪和尚。」

之後，慧鶴入室呈見解就被怒罵，有時正受氣得抓住慧鶴的胸部打了幾十拳後，將他推出室外。慧鶴楞住，正受則哈哈大笑。慧鶴清醒過後，又入室禮拜，正受大罵：「鬼窟裡的禪和尚。」慧鶴始終參不透「南泉遷化」公案。

豁然了悟法華精神

某日，他站在某戶人家門口乞食，老婦吼叫：「到別處去！」慧鶴茫然佇立，老婦氣得拿起掃把打在慧鶴臉上。也許打得不是地方，慧鶴當場倒下，不久猛然張開眼睛，發現整個世界都變了，過去參不透的「南泉遷化」公案已了然於心。

他高興得跑回正受庵，還沒跨過門坎，正受就喊道：「看見了嗎？看見了嗎？」慧鶴敘述見解時，他猛然拿起圓扇，喊道：「成了，成了。」慧鶴從正受老人得了印可。是年秋，慧鶴離開正受老人，正受送他出山路，囑以後事，要他收弟子，毋須太多，只須一個半個眞正弟子即可。然而此後十二年，不知何故，慧鶴未再上信州飯山；正受老人一七二一年大笑去世（享年八十），白隱也沒有參加葬禮。

三十一歲時，慧鶴得了類似精神官能症的禪病，往昔京都白川的道人白幽子，教以內觀法；又往美濃（今岐阜縣）古溪底的巖瀧山獨自坐禪兩年才治好。

慧鶴年少時讀《法華經》不能解，認爲只是因緣故實的連續；一七二六年秋，四十二歲，在松蔭寺掛看經榜，每日讀《法華經》，一夜讀至〈譬喻品〉，聽到蟋蟀在屋簷古石下嘶鳴，聲聲相連，豁然了悟《法華經》做爲經王的眞諦，也清楚聽見正受老人的聲音，不禁放聲大哭！

總之，白隱遇古佛（《法華經》）聞法身之聲，此事已在訪正受後二十年，接業斤單嶺爲松蔭寺也將近十年。經過三十多年的歲月，他才眞正領會到法華精神。之後，他就常講授《法華》。他認爲見眞正的法華比造佛像、建堂塔重要；又說行住坐臥都要唱誦《南無妙法蓮華經》經題，出入息皆誦《南無妙法蓮華經》。

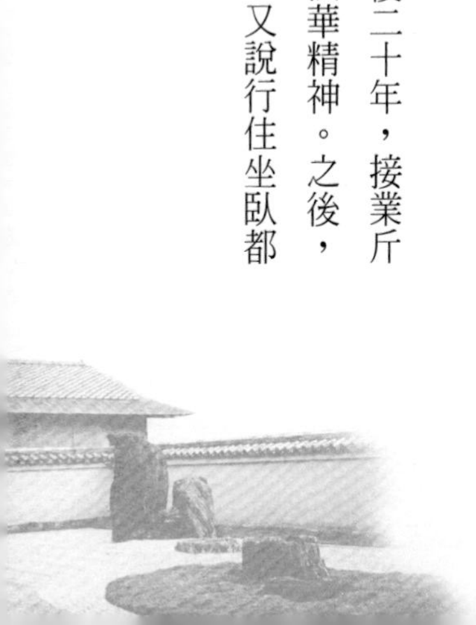

今日，日本人依然認爲白隱慧鶴是五百年不世出的大禪師，但他當住持的松蔭寺在禪統階序上只是妙心寺的末寺，不爲禪僧所尊敬。他曾有一幅自畫像，自讚云：

千佛場中為千佛嫌
群魔隊裡為群魔憎
挫今時默照邪黨
鏖近代斷無瞎僧
這般醜惡破瞎禿
醜上添醜又一層（原文）

他在《槐安國語》一書的「巖頭黃巢劍」評中，對巖頭全豁禪師的銳機曾說：「在千佛場中爲千佛所嫌，在波旬隊裡爲群魔所憎。」與此自讚相類。槐安國故事出自唐代李公佐的《南柯太守傳》，也是成語「南柯一夢」的來源。

自讚顯示他的戰鬥性與批判，對當時日本禪宗中的默照禪和相似禪都加以批判，認爲這些都不是眞正的禪。因自己的批判，爲各界所厭，也有相當的認識。這或許也是他將書名題爲《槐安國語》的原因之一——討厭他所說的話的人，可以把他所說的話當夢話。

一七六八年年底，醫師診治云：「無異狀。」白隱說：「不能三日前預知人之死，汝非良醫。」言罷大笑。三日後，自睡眠中醒來，「吽」大叫一聲而逝，享年八十四。

足夠就幸福

良寬上人

（一七五八～一八三一）

對良寬而言，修道即修心，
心覺幸福，清貧又何妨；
飯食可療形枯，住居可棲身，
就已足夠了，何必多求！

近幾年，僧良寬的詩歌在日本相當流行。跟吉田兼好《徒然草》的受歡迎，似乎有異曲同工之妙。兩者對人生的體驗雖有所不同，但都以當下的生命爲最高的喜悅。兩者都剃髮爲僧，但兼好以「入道」爲主，良寬則是眞正托缽的和尚。在華麗喧囂的世紀末，良寬的清貧生活卻在日本引起注意與關心，頗饒趣味。

西元一七七九年，良寬剃度爲僧，隨師國仙和尚在寺修行；一七九〇年，國仙和尚仙逝，良寬雲遊各地，尋師問道，展開「虛空遍歷」之行。時序已進入十八世紀的世紀末。跨越世紀，良寬於一八〇四年回故鄉越後，定居五合庵，托缽爲生，此即良寬著名的草庵生活。良寬的晚年就是五合庵的草庵生活。十八世紀到十九世紀的跨世紀年代，正是良寬雲遊與草庵的學習與成熟階段。

退出家督繼承人

良寬生於一七五八年，逝於一八三一年，家在面臨日本海寒風的越後（今新潟縣）。本姓山本，幼名榮藏，元服後，改名文孝，由國仙和尚剃度後，僧名良寬。山本家在越後屬名主階級，可說是中等的地主階級，良寬是七兄弟姊妹中的老大，但爲人魯直，元服後，父親曾讓他見習「名主」職，仲裁鄉人糾紛。調查經過時，他原原本本相信糾紛兩造的說詞，甚至以甲方說詞質疑乙方，以乙方說詞質疑甲方，反而有

挑撥之嫌，自然無法圓滿仲裁。這也是他退出家督繼承人的原因之一。

良寬傳記都說他「性魯直，沉默，恬澹，寡欲，疏於人事，唯耽於讀書」，或謂「幼而穎異，不好俗流事」，「師生而傑異，幼而不甘俗流」。他不善仲裁，從這些描述，大抵可知。有一則故事，很能指出他不好俗流，唯耽於讀書的現象。某年盂盆蘭節的黃昏，附近的男女老少都沉迷於盆舞中，母親對平時喜待家中讀書的小良寬（七、八歲）說：「你偶爾也要跟大家在一起，跳舞去吧！」把他趕出門。日落後，母親到庭院，覺得石燈籠一帶有人。丈夫不在家，留下的都是幼兒。母親折回屋裡，拿了薙刀走近石燈籠，原來良寬正藉著石燈籠的燈光全神閱讀《論語》。

良寬喜讀四書五經，尤嗜《論語》。對《論語．里仁》中所言「里仁才能知仁」的「求真」精神，有特殊的體認。對事物追求其真相，就是「仁」的極致。一次，父親用越後的俗語「鰈的目光」半開玩笑地對良寬說：「你用這種眼光看我，要成鰈了。」良寬默默離去，天已暮，仍未回家。母親尋到海邊，見他雙眸凝注海面。見到母親，他問道：「母親，我還沒變成鰈嗎？」鰈是什麼？我是什麼？存在主義式的質問。

耽於讀書最愜意

人的機緣委實不可思議，良寬父親送他到鄰鎮尼瀨的寺子屋（私塾）讀書。寺子

屋大都借用寺院，尼瀨的寺子屋是借用曹洞宗的光照寺，良寬十八歲出家修行的寺院就是這座光照寺。曹洞宗的始祖是日本思想史上最具創意的道元，他的《正法眼藏》也是日本的珍寶。這是「唯耽於讀書」的良寬最愜意的情境。良寬詩：

一思少年時，讀書在空堂。
燈光數添油，未厭冬夜長。

這是孤獨（「在空堂」）的情景。同時代比良寬年少二十三歲的儒醫大關文仲描述良寬：「自幼有道氣，及長，博涉內外群籍，無所不明。」光照寺之後，又就讀於附近的大森子陽塾。良寬有詩給大森子陽塾的同學富取之則，其中有云：

行則並車騎，止則同茵筵。
風波一失處，彼此如天淵。
子抽青雲志，我是慕金仙。
子去東都東，我到西海藩。

「自幼有道氣」的良寬，畢業大森子陽塾後，「慕金仙」而入光照寺爲行者，由國仙和尚剃度，「到西海藩」備中玉島的圓通寺爲僧修行。他自述道：「世人皆謂爲僧參禪，我即參禪而後爲僧。」換言之，他入寺後，並沒有立刻剃度爲僧，而是爲「行者」做雜務，如灑掃種田劈薪淘米聽喚之類，在禪宗而言，打雜所得，亦是禪。

做雜務是禪修的第一步。良寬的光照寺師父破了和尚曾引曹洞始祖道元禪師《正法眼藏》之語：「學佛道，學自己也。學自己，忘自己也。忘自己，證萬法也。」指出，「作薪時，作薪三昧。炊飯時，炊飯三昧。每事都欲其成。此亦佛道。」做任何事都要全心投入，這就是佛道；不是光會參禪，才是佛道。

忍受孤獨致力坐禪修道

一七七九年，良寬二十二歲，舉行破了和尚的晉山式（就任主持儀式），由玉島圓通寺國仙和尚主持，並由國仙和尚替良寬剃度，僧良寬誕生。在圓通寺，良寬依然孤獨，但這種孤獨是自覺的孤獨，修行三昧的孤獨，有詩爲證：

自來圓通寺，幾度經冬春。
門前千家邑，更不知一人。
衣垢手自濯，食盡出城闉。
曾讀高僧傳，僧可可清貧。

中野孝次在《清貧思想》中詮釋道：「自己也應忍受孤獨，以清貧爲宗旨，致力於坐禪修道。」

在另一首詩中，孤獨潛修的影像更爲鮮明：

憶在圓通寺，常嘆吾道孤。

搬柴懷龐公，踏碓思老盧。
入室非敢後，晚參每先徒。
自茲席散後，倏忽三十年。
山海隔中州，消息無人傳。
懷舊終有淚，寄之水潺湲。

「吾道孤」不只意謂佛道的墮落，亦指良寬主體的修道孤獨——與眾不同的孤獨。孤獨求道，道亦難得，他曾有一詩悼同門仙桂和尚，詩云：

仙桂和尚者真道者。
默不言朴不容。
三十年在國仙會，不參禪不讀經，
不道宗文一句，作園菜供大眾。
當時我見之不見，遇之不遇，
嗚呼今效之不可得。
仙桂和尚者真道者。

此詩已顯示當時良寬尚未達到道元「身心脫落」之境。國仙和尚曾引道元「道本圓通，宗乘自在」問他，良寬回道：「道本是完全無缺，圓通是自在。」尚未言畢，國仙和尚就說：「這是前人的注釋，你當說你之所得。」

於是，將良寬趕出去。如此者一而再，再而三。最後終於得證，良寬留下了得證之詩：

我昔學靜慮，微微調氣息。
如此經星霜，殆至忘寢食。
縱得安閑處，蓋緣修行力。
爭如達無作，一得即永得。

國仙和尚也授予印可：

附良寬庵主
良也如愚道轉寬，騰騰任運得誰看。
為附山形爛藤杖，到處壁間午睡閑。

國仙道號「大忍」，也賜良寬道號「大愚」，這是最高的稱讚。良寬已達到「身心脫落」之境，可以「到處壁間午睡閑」了。

雲遊行腳托缽爲生

國仙和尚授良寬印可不久，即去世。良寬也雲遊各方，尋師問道。他以曹洞爲宗，但佛道同源，各宗各派皆可互相發明，他因而贏得了「雜炊宗」的稱號。行腳

中，也成了「遊戲三昧」之人，詩云：

無欲一切足，有求萬事窮。
淡菜可療飢，衲衣聊纏躬。
獨往伴麋鹿，高歌和村童。
洗耳巖下水，可意嶺上松。

二十二歲離開故鄉越後，在玉島十多年，雲遊行腳，托缽爲生，獲悉父逝訊息，良寬頓起還鄉之意。進入越後，到了故鄉，良寬將感慨托之於詩：

出家離國尋知識，一衲一缽凡幾春。
今日還鄉問舊友，多是名殘苔下人。

進入離家不遠的寺泊（地名），住入鄉本海岸沒人居住的空庵，吟詩云：

家在荒村裁壁立，轉展傭作且過時。
憶得疇昔行腳日，衝天志氣攻自持。

橘崑崙在《北越奇談》描寫良寬在鄉本的生活：「海濱鄉本有空庵。一晚，有一雲遊僧向鄰家要求住其空庵。次日，至附近村莊托缽。足夠當日食即歸，食有餘則分與乞丐鳥獸。如此半年，諸人稱奇，尊其道德，遂有人送衣服，受之有餘則給寒子。其居去出雲崎（良寬家所在）才三里。有人告吾兄彥山，彥山至鄉本海探該空庵，人不在。但柴扉未鎖……入內只見桌上一筆硯，爐中一土鍋，壁上皆題詩。」

良寬的生活情境是非常簡樸，平日托鉢爲生，足夠即可，餘則送給不足者。一八〇四年，四十七歲時，住在出雲崎國上山的五合庵。「合」是面積的算法，一坪等於十合，五合即半坪。換言之，五合庵佔地僅半坪。庵的情境可用他的詩來呈現：

索索五合庵，實如懸磬然。
户外竹一叢，壁上偈若干。
釜中時有塵，竈裡更無煙。
唯有鄰寺僧，仍敲月下門。

庵中幾乎一無所有，但他依然過得非常愜意。他在此翻土播種蔬菜。米錢則經由狹隘的山路到山下的村莊托鉢行乞。托鉢行腳時，不時與村童遊玩，尤其喜歡擊毬玩彈珠，這類和歌相當多，如：

霞起春日永
村童共擊毬
今日亦將暮
在此村里擊手毬
且與眾村童嬉遊
春陽不落又何妨
何妨拍拍看

一二三四五六七八九
以十收尾再開始

認眞玩遊戲

他的這類和歌都相當活潑。遊戲時，他經常都進入遊戲三昧。有一則故事說出了他遊戲的認眞態度。

一天，他跟孩子們捉迷藏。他躲藏在草堆下，不覺日已暮。孩子們留下良寬一人回去。次晨，附近農民來取草，良寬從草堆緩緩爬出，農民驚叫：「你不是良寬先生嗎？」良寬也驚呼：「噓，不要叫這麼大聲，會被孩子們發現。」良寬還在跟孩子們玩捉迷藏呢！在佛家而言，良寬、孩子們和遊戲已是三身一體，已是同根。跟孩子們嬉遊，他常常忘了托缽所用的鐵缽，他把這鐵缽稱爲「缽之子」，相當親密，卻常常忘於路旁，玩遊戲的緣故吧。

春野摘菫花
忘了缽之子
歸來吧，缽之子

缽之子很可愛。長年帶著，今日卻忘在路邊，甚至不知道放在什麼地方。不得已只好一直尋找，找到夜暗星出。這時有人把它帶來，啊，眞高興，帶來了——缽之子。

良寬的日常食品，大致是早餐粥配醬菜，午餐飯配味噌湯與醬菜，晚餐是雜炊，有詩爲證：

幽棲地從占，不知幾冬春。
菜只藜藿是，米自乞比鄰。
偏喜人事少，未厭林下貧。（下略）

總之，在禪門，三餐是「爲療形枯」，只要足夠飽腹即可。但朋友來訪，他也會飲酒，據說酒量極佳，「禪師好酒，雖超量亦不至醉狂」。路上遇鄉人，也會喝一杯。在五合庵，良寬似乎過得非常滿意，可以跟孩子嬉遊，可以跟成年人飲酒論道。修道即修心，心覺幸福，清貧又何妨；飯食可療形枯，住居可棲身，就已足夠了，何必多求！

良寬就在五合庵度過了二十七個年頭，一八三一年去世，享年七十四歲。

體得「一心法界」辨榮上人

（一八五九～一九二〇）

淨土信仰由空也上人吸引了眾多信徒，
爾後更由法然創立淨土宗，一股淨土熱潮持續不減，
一聲阿彌陀佛，立即往生淨土。
辨榮上人便是出生於淨土家庭，
是開悟見佛的高僧，人們尊稱為「辨榮聖者」。

辨榮上人是近代日本高僧，在《無邊光》中對佛法的「四智」有精妙獨特的見解。他生於德川末期的西元一八五九年，父親山崎嘉平是下總國鷲野谷（今千葉縣東葛飾郡沼南町字鷲野谷）的農民，暱稱念佛嘉平，乃虔誠的淨土宗信徒，早晚稱名三千遍，黎明即起，撥念珠，默默稱名；他人起身後始擊鉦鼓稱名。初一別時念佛六萬遍，十五則隨早雞而起，身著白衣、白帶，頭繫白缽卷帶，念佛稱名，擊鉦聲遠達其他村落。

母親在丈夫與婆婆的影響下，也是一位虔誠的淨土信徒，辨榮就出生在這種宗教氛圍的家庭。辨榮幼名啓之助，少時不多言，討厭粗野之事，儕輩玩殺伐遊戲，他總旁觀不參與。但喜好佛事，常到寺院神社參拜，也喜歡佛畫，尤其喜歡以出家人爲主題的畫，後來自己也畫佛畫。

淨土家風，虔誠向佛

山崎家是淨土宗醫王寺的檀家。啓之助十二歲就常到醫王寺借佛書抄寫、閱讀。是年，秋分時節，拜入日時，西空晴朗，空中有三尊佛來臨，他認爲這種觀想出現的佛就是靈的實體呈現。

十五歲萌生出家念頭，這時，他已經能在米粒和芝麻粒上寫字繪畫。

明治十二年（一八七九年）十一月，二十一歲的啓之助在醫王寺剃度出家，改名辨榮。授戒師父是東漸寺的大谷大康。大康先教他「華嚴事事無礙法界」，再講「天台四教義」，並授以「天台三大部」的精義。

辨榮在東漸寺，清晨四時起床，在本堂念佛；晚上念佛、讀書至深夜。念佛讀書的地方在二樓面北的房間，寒風刺骨，燈細如豆，每日只睡三小時。一八八一年，二十三歲，從千葉到東京，到德川時代與上野寬永寺齊名的增上寺（在東京芝），先住增上寺學頭寮，後居淺草日輪寺、田端東覺寺（屬於眞言宗），每日通往增上寺，研讀佛典。

次年，二十四歲，體得「一心法界三昧」，他在《無邊光》中說：

「我曾由華嚴的法界觀門，修一心法界三昧。行住坐臥，觀心不止。有時，天地萬物一切現象皆隱沒於一心法界中，全宇宙只見一大觀念。某日，禪坐道灌山，讀文殊般若，至心如虛空無所在處，心虛周遍空界，非內非外，亦不在中間，體得法界一相之眞理。之後，心常法界一如，這是……光明遍照中的自己、大圓鏡智中的自己。」

用功精進，開悟見佛

這年四月以後，他在駒卍吉祥寺聽卍山實辨講《華嚴五教章》，每日從田端東覺

寺到吉祥寺的往返路上，口誦佛名，凝神觀想阿彌陀如來聖容，某日，突覺「曠廓無極，而感得彌陀靈相」。八月，回鷲野谷閉關醫王寺藥師堂三七二十一日。在這期間，他有時立燭腕上，念佛直至燃盡；有時，橫放線香，稱名直到燒完；有時，以掌盛油，置燈芯其中，點火，稱名念佛。八月，又閉居筑波山，山頂不遠處有名叫立身石的巖洞，白天在巖洞念佛，晚上則在巖石上禮拜。在粗衣粗食的清貧生活中，無量壽如來終於呈現眼前，偈云：

彌陀身心遍法界，眾生念佛佛還念。
一人專念能所亡，果滿覺王獨了了。

辨榮已開悟見佛。

封關二個月後，辨榮體衰細瘦，滿臉污垢，髮鬚俱長，宛如「下山的釋迦」。滿願日，他在闇夜中朝犬吠方向前行下山。途中在松戶的田中家休憩，而後回東漸寺。

辨榮的開悟見佛乃依華嚴的一心法界而得。所謂「一心法界」，是指人之心轉化為法界心。人之心最小的是「社會心」，始終以分別自他為主，也分別自己與自然界。自他之別消滅，人之心才擴大為「自然界心」。自然界心，無自他之別，亦無自然界與人間界之別。但是，其中仍有時空之框架，受時空的限制，換言之，受時與地的限制。這種限制雖然不容易解除，然而一旦消除，人之心即轉化為「法界心」。人的一心乃與法界結合為一；既然合為一，任何事物都不在其內，不在其外，也不在其中間。這就是一心法界，就是悟。

辨榮在法界心中，清楚觀想到無量壽、無量光的阿彌陀如來。他也在這一年十一月，從東漸寺五十世靜譽上人繼承了淨土宗的法嗣。

一八八三年，辨榮二十五歲，在崎玉縣北葛飾郡吉川町三輪之江飯島的宗圓寺閉關，進入拜讀一切經的生活，爲時足足三年。他將東漸寺所藏經律論七千三百三十四卷，每次搬若干卷至宗圓寺，悉數讀畢。閱藏當中，增上寺貫主福田行戒和尚遣使要他謁見，他已「正拜謁釋迦當中」，不能往謁，故辭。

一八八四年，恩師靜譽上人遷化，辨榮立即回東漸寺，閉居本堂，進入百日報恩別時之行，除如廁之外，皆坐而不臥，不斷念佛稱名。

辨榮費時三年閱畢一切經，在這期間，只吃麥、粟、蔬菜合煮的食物，每日只食一合（一升等於十合）；若有睡意，即以小刀刺股，其後傷痕一直存在。一八八五年離開宗圓寺，回東漸寺。

是年初冬，辨榮有意將恩師靜譽上人在茶園中所建的說教所改建爲善光寺，開始巡行各地，鳩集資金，但他常將化得的資金轉贈窮人。他將用經文書寫的佛像送人，也在米粒上書寫經文，描繪佛像，送給人家，直到一八九一年才能建造善光寺。

他四處爲家，一生宛如一遍上人，巡行日本各地。一九一三年，長達一年半的九州之旅終於結束，準備搭渡輪東歸，送行者當中有人說：「終於要回去了。」辨榮聽了

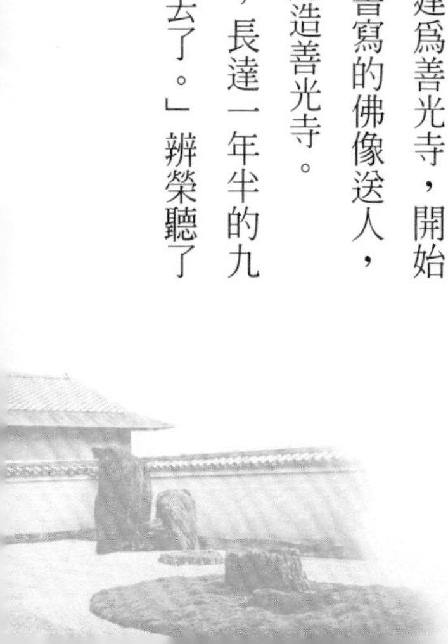

回道：「我不是回去。」意思是說，他的人生沒有任何固定點，只要有煩惱的地方及需要他，他就到那兒。

一生傳奇，不可思議

辨榮上人常出現不可思議事。藝術造詣上，他能在米粒或芝麻粒上用筆寫《般若心經》或描繪佛像。一八九九年，荒井山九品院舉行七草法要，有六千多人來參加。他叫人先洗米粒，然後用拇指和食指抓住米粒，用右手書寫彌陀名號，還一面跟謁者說話，或說教，接連寫六千多粒，分送給參加的人。

在大垣某寺院，同行的渡邊信光與上人同在關閉的房間，上人說：

「有人來。」

「怎麼知道？」渡邊信光問。

「對面的松樹林下，有馬經過，隨後有人步行走來。」

從房間看不到松林。不久，果然有人來。

一天，渡邊信光陪上人散步，欲行捷徑。上人說：

「別走那邊。」

「那條路比較近。」

「那邊螞蟻群集，別去。」

渡邊不信，往觀，果然螞蟻群集。折回趕上上人，上人說：

「你疑心這麼重，可不行。」

上人眼力亦非常人所不及。一天，上人說：

「明天坐幾點的火車好呢？有幾點幾分和幾點幾分的。」

「上人帶了時刻表？」

「沒帶，貼在那邊的報紙寫著，雖然舊了一點，但不會差多少。」

報紙貼在四、五尺遠的地方，非用望遠鏡看不清楚。

一八九六年九月，行經江戶川畔，上人突然停下腳步，合掌念佛。侍者問其故，上人說河底有屍體。侍者抵二合半村向村人提起此事，村人半信半疑，往查。果然，水底有屍體。

上人有這些不可思議事，然而對一個「四智」顯現的人來說，也許不算奇事。上人在《無邊光》中對「四智」有詳細的解說。所謂「四智」，在佛法上是指大圓鏡智、平等信智、妙觀察智和成所作智。

上人說「如來」是「一大觀念」，是「一大心靈」，是「光明」本身，也是「如來藏妙眞如性」。宇宙的一切事物，不論主觀客觀，都是此一大心靈的變現。從「如來光明」變現，從「如來藏」變現，從「眞如法性」變現。在這些變現中，人內藏

「心靈」，人的「心靈」與「一大觀念」、「一大心靈」、「眞如法性」相同，只是被人的自我深深覆蓋，以致不能以「一大心靈」活動。只要體悟到世界的一切事物俱在我心中，「一大心靈」就能剝除自我的覆蓋而活動。

上人說：「大圓是指一大觀念絕對不可或缺；鏡是指觀念態的無邊映照。……宇宙森羅萬象的生滅變轉之相都是大圓境的映像。同一觀念常顯現於內外兩面，統合這兩面的總觀念態叫做大圓鏡智。」

平等性智是在宇宙的一大心靈中統攝萬物的理性。有此平等性智，天體的星宿才能井然運行；萬物包括人在內，才能統攝一切，形成秩序。「平等性智是報身佛的一大智慧；是一大心靈的自性清淨的性智之光明、普照自然的智慧。大圓鏡智是心之相，平等性智是心之性。宇宙萬法皆由平等理性發展，而成千種萬差之性，再歸於平等之性。」這是人類萬物的差異，雖有差異，依然平等。

宇宙是如來的一大心靈體，其中含有眞善美，使此眞善美眞正顯示其價值的就是「妙觀察智」，此智尤重「美」。以美來進行萬物的交感，以促起眾生本有的佛性。「成所作智」是指一大心靈所具智力中的感覺作用。「一大心靈變成客觀，以創造此一世界，又自成主觀，以觀賞此一世界而歡樂。此世界中有自然界，自然界中有人類。一大心靈給人類以主觀眺望歡愉的作用。因此，人類與一大心靈相同，以主觀眺望這些自然而歡愉不已。」此一感覺作用讓人類可以感覺到淨土在此世，此即「寂光即淨土」的深意。

一九二〇年，辨榮上人巡行信越地方（今日的長野縣及新潟縣），在新潟得風寒，留下「如來常在，眾生不知，辨榮知之。」十二月四日，在風雨交加中去世，享年六十二歲。

【附錄】日本佛教大事記（以本書出現的高僧爲主）

時代	日本史		中國史	
飛鳥時代（538-709）	五三八	佛教從百濟傳入		
	五七四	聖德太子出生		
			五八九	隋朝統一中國
	五九三	聖德太子攝政，建四天王寺		
	六〇七	派小野妹子擔任遣隋使 奈良法隆寺建立，是世界上最古老的木造建築。		
			六一八	唐朝統一中國
	六二二	聖德太子去世		
			六二九	玄奘前往印度取經
	六四五	大化革新	六四五	玄奘自印度歸國，並開始譯經
	六五三	日僧道昭赴唐從玄奘學法相宗		
	六六八	行基菩薩出生		
奈良時代（710-793）	七一〇	遷都平城京		
	七四一	國分寺、國分尼寺的建設開始		
	七四九	行基菩薩去世		
	七五二	東大寺落成開光		

平安時代
（794-1191）

七五三	唐朝高僧鑑眞赴日		
		七五五	安史之亂
七五九	奈良唐招提寺創建		
七六七	天台宗開創者最澄出生		
七七四	眞言宗始祖空海出生		
	沙彌教信出生		
七九四	桓武天皇遷都平安京		
	天台宗第三代座主慈覺大師圓仁出生		
七九七	空海著《三教指歸》		
八〇四	最澄與空海赴唐		
八〇五	最澄自唐返日，傳天台宗，在比叡山建		
	造延曆寺		
八〇六	空海自唐返日，翌年創立眞言宗		
八二二	傳教大師最澄去世		
八二三	空海獲賜東寺		
八三五	弘法大師空海去世		
八三八	圓仁入唐求法		
		八四五	唐武宗廢佛
八四七	圓仁返日，著《入唐求法巡禮行記》		
八五四	圓仁被任命爲延曆寺天台座主		
八六四	慈覺大師圓仁去世		
八六六	沙彌教信去世		

八九四	據菅原道眞建議，廢遣唐使		
九〇三	空也上人出生		
		九〇七	唐朝滅亡，五代開始
九〇九	性空上人出生		
九一七	增賀聖人出生		
九一八	千觀上人出生		
九二一	醍醐天皇賜空海「弘法大師」謚號		
九四二	源信大師出生		
		九五五	後周世宗廢佛
		九六〇	北宋建立
九七二	空也上人去世		
		九七九	北宋結束五代十國分裂局面
九八四	千觀上人去世		
九八五	源信著《往生要集》		
一〇〇三	增賀聖人去世		
一〇〇七	性空上人去世		
一〇一七	源信大師去世		
一一一八	西行法師出生		
		一一二七	北宋滅亡，南宋成立
一一三三	法然上人出生		
一一三九	文覺上人出生		
一一四一	臨濟宗之祖明庵榮西出生		

鎌倉時代
（1192-1333）

一一六八	榮西入宋，同年返日		
一一七三	明惠上人出生		
	淨土眞宗始祖親鸞上人出生		
一一七五	法然創立淨土宗		
一一八七	榮西再度赴宋		
一一九〇	西行法師去世		
一一九一	榮西自宋朝返日，傳臨濟宗		
一一九二	源賴朝被任命爲征夷大將軍		
	鎌倉幕府成立		
一一九八	榮西著《興禪護國論》		
一二〇〇	曹洞宗始祖道元禪師出生		
一二〇一	叡尊聖者出生		
一二〇三	文覺上人去世		
		一二〇六	成吉思汗統一蒙古，建立蒙古政權
一二〇七	承元法難（鹿谷事件）		
一二一二	法然上人去世		
一二一五	明庵榮西去世		
一二一七	良觀忍性出生		
		一二一九	第一次蒙古西征
一二二二	日蓮宗開山祖師日蓮上人出生		
一二二三	道元與明全赴宋		

一二二四	親鸞著《教行信證》		
一二二七	道元自宋返日，傳曹洞宗		
一二三二	明惠上人去世		
一二三九	捨聖一遍出生		
一二四六	宋僧蘭溪道隆赴日		
一二五二	鎌倉大佛完成		
一二五三	曹洞宗始祖道元禪師去世		
一二六〇	日蓮著《立正安國論》		
一二六二	親鸞上人去世		
		一二七一	蒙古定國號「元」
一二七五	夢窗國師出生		
一二七九	宋僧無學祖元赴日		
一二八二	大燈國師出生		
	日蓮上人去世		
一二八九	捨聖一遍去世		
一二九〇	叡尊聖者去世		
一三〇三	良觀忍性去世		
一三〇八	大應國師去世		
一三三三	鎌倉幕府滅亡		
一三三四	天皇親政		

室町時代
（1334-1573）

一三三六	武士不滿起兵反抗，天皇逃亡吉野，爲南朝 足利幕府在京都另立天皇，爲北朝		
一三三七	大燈國師去世		
一三三八	足利尊氏被任命爲征夷大將軍		
一三五一	夢窗國師去世		
		一三六八	明朝統一中國
一三七八	足利義滿移居京都室町，正式稱室町幕府		
一三九二	南北朝統一		
一三九四	禪僧一休出生		
一三九七	足利義滿於京都北山建金閣寺		
		一四〇五	鄭和下西洋
一四〇七	日親上人出生		
一四一五	淨土眞宗中興之祖蓮如上人出生		
一四二七	日親著《立正治國論》		
一四六七	應仁之亂		
一四八一	一休去世		
一四八八	日親上人去世		
一四八九	足利義政於京都東山建銀閣寺		
一四九九	蓮如上人去世		
一五〇二	快川禪師出生		

時代	年	事件	年	事件
安土桃山時代（1575-1600）	一五七三	澤庵禪師出生 室町幕府滅亡		
	一五八二	快川禪師去世		
	一六〇〇	關原之戰		
江戸時代（1603-1867）	一六〇三	德川家康被任命爲征夷大將軍，江戸幕府建立		
	一六一五	大阪之陣		
	一六二二	盤珪禪師出生		
	一六二三	元政上人出生		
	一六二七	法度事件（紫衣事件）		
	一六四四	制定宗門改制度（幕府爲禁止基督教信仰而設立的制度）	一六四四	清朝統一中國
	一六四五	澤庵禪師去世		
	一六五四	明僧隱元赴日創黃檗宗		
	一六六八	元政上人去世		
	一六八五	臨濟宗中興之祖白隱禪師出生		
	一六九三	盤珪禪師去世		
	一七五八	良寬上人出生		
	一七六八	白隱禪師去世		
	一八三一	良寬上人去世		
			一八四〇	鴉片戰爭
	一八五九	辨榮上人出生		

時代	年代	事件
	一八六七	德川慶喜還政明治天皇，幕府時代結束（大政奉還）
明治時代（1868-1911）	一八六八	明治維新
	一八九四	中日甲午戰爭
	一九〇四	日俄戰爭
大正時代（1912-1926）	一九一二	中華民國成立
	一九二〇	辨榮上人去世

國家圖書館出版品預行編目資料

癲狂與純真——日本高僧傳奇／李永熾著. ——初版. ——台北市 : 法鼓文化, 民96.10
面 ; 公分

ISBN 978-957-598-406-9 (平裝)

1. 佛教傳記 2. 日本

229.4 96017193

琉璃文學 11

癲狂與純真——日本高僧傳奇

著 者／李永熾
出 版 者／法鼓文化事業股份有限公司
總 編 輯／釋果毅
主 編／陳重光
責任編輯／李金瑛
美術設計／兩隻老虎廣告設計有限公司
地 址／台北市北投區公館路 186 號 5 樓
電 話／(02)2893-4646 傳真／(02)2896-0731
網 址／http：//www.ddc.com.tw
E-mail ／market@ddc.com.tw
讀者服務專線／(02)2896-1600
初版一刷／2007年10月
建議售價／新台幣320元
郵撥帳號／50013371
戶 名／財團法人法鼓山文教基金會—法鼓文化
北美經銷處／紐約東初禪寺
Chan Meditation Center (New York, U.S.A.)
Tel／(718)592-6593 Fax／(718)592-0717

法鼓文化